J'ARRÊTE DE PROCRASTINER !

Groupe Eyrolles
61, bd Saint-Germain
75240 Paris Cedex 05

www.editions-eyrolles.com

La collection « J'arrête de… » est dirigée par Anne Ghesquière, fondatrice du magazine FemininBio.com, pour mieux vivre sa vie !

Dans la même collection :

J'arrête de stresser !, Patrick Amar et Silvia André

J'arrête d'avoir peur !, Marie-France et Emmanuel Ballet de Coquereaumont

J'arrête les relations toxiques !, Marion Blique

J'arrête de (me) juger !, Olivier Clerc

J'arrête d'être jaloux(se) !, Bernard Geberowicz

J'arrête la malbouffe !, Marion Kaplan

J'arrête de râler ! L'intégrale, Christine Lewicki

J'arrête de râler sur mes enfants (et mon conjoint) !, Christine Lewicki et Florence Leroy

J'arrête d'être débordée !, Barbara Meyer et Isabelle Neveux

J'arrête de m'épuiser !, Marlène Schiappa et Cédric Bruguière

J'arrête le superflu !, Joanne Tatham

Illustrations originales : Bénédicte Voile

Création de maquette : Hung Ho Thanh

Mise en pages : STDI

ISBN : 978-2-212-56279-8

Diane Ballonad Rolland

J'ARRÊTE DE PROCRASTINER !

21 jours pour arrêter de tout remettre au lendemain

EYROLLES

Sommaire

Remerciements

Je tiens tout d'abord à remercier chaleureusement toute l'équipe des éditions Eyrolles pour la confiance qu'elle m'a accordée depuis le début de cette aventure.

En particulier Gwenaëlle Painvin pour son professionnalisme, sa bonne humeur… et sa patience (car oui, je l'avoue, j'ai moi aussi un peu procrastiné pour la rédaction de ce livre, je vous en expliquerai les raisons un peu plus loin).

Je remercie également celles et ceux que j'ai eu le plaisir d'accompagner au cours de ces dernières années à travers mes ateliers et mes formations et qui sont mes premières sources d'inspiration au quotidien.

Je n'oublie pas au moment d'écrire ces lignes les nombreux lecteurs, et surtout lectrices, de mon blog[1] qui me suivent fidèlement depuis 2010.

Je remercie enfin Marc, mon mari et compagnon de route depuis 22 ans, et mes trois enfants, Lola, Ruben et Marie, de m'avoir « supportée » ces dernières semaines, au sens propre comme au sens figuré ! Il en faut de la patience pour voir sa femme ou sa maman collée à son ordinateur pour écrire du lever au coucher et n'avoir qu'une seule obsession en tête : la procrastination !

1. www.zen-et-organisee.com

Nous sommes tous des procrastinateurs !

« Procrastina… quoi ? ! »

Mais qui donc est allé imaginer dans son esprit torturé un mot si barbare, quasiment imprononçable pour la majeure partie de nos concitoyens ? Autrement dit, pour reprendre une expression bien populaire, « pourquoi faire simple quand on peut faire compliqué ? »

Lorsque j'aborde le sujet lors de mes formations en gestion du temps et des priorités, je sais par avance que je devrai, en plus d'en rappeler le sens, le prononcer à plusieurs reprises en détachant chacune des syllabes : PRO-CRAS-TI-NER !

Procrastiner, vous l'aurez compris, signifie tout simplement « reporter au lendemain », « repousser », « temporiser », « différer ce que nous pourrions entreprendre aujourd'hui ».

Rassurez-vous, nous sommes tous concernés, nous sommes tous des procrastinateurs en puissance ! Nous avons chacun, dans notre vie professionnelle et/ou personnelle, notre lot de tâches que nous repoussons à plus tard.

Et ce, pour la simple et bonne raison que nous sommes humains et que nous ne fonctionnons pas comme des machines qu'il suffirait de programmer pour que nos tâches soient exécutées (dommage…).

Je ne sais pas vous, mais je trouve que c'est plutôt rassurant et réconfortant, et nous verrons aussi, au fil de la troisième semaine, que la procrastination a aussi du bon et peut même être conseillée dans certains cas…

Faire de la place pour ce qui compte pour vous !

Combien de projets commencés et jamais terminés ? Combien de rêves et de projets restés à l'état de bonnes intentions ? Combien de bonnes résolutions parties en fumée ?

« Plus tard, quand j'aurai plus de temps… quand nous serons en vacances… quand je serai enfin disponible… » Vous et moi sommes très forts pour inventer, plus ou moins consciemment d'ailleurs, une kyrielle de fausses bonnes excuses pour repousser le moment de nous atteler à nos projets. Et de les terminer.

Deux intentions m'ont portée durant toute l'écriture de ce livre :

- vous aider à faire de la place pour ce qui compte pour vous ;
- vous aider, en douceur et avec un regard bienveillant, à retrouver le chemin de la confiance, en vous redonnant le goût d'agir.

Faire de la place pour ce qui est important, voici le dénominateur commun de chacun de mes accompagnements, qu'ils soient individuels ou collectifs, en présentiel ou en ligne.

Les femmes et les hommes que j'accompagne viennent tous me voir avec une puissante envie de faire bouger leurs lignes et d'améliorer leur quotidien, d'une façon ou d'une autre. Un quotidien tissé d'obligations et de contraintes, teinté du sentiment de toujours courir après le temps, de ne jamais en faire assez (alors même qu'ils en font déjà trop !). À force de ne plus écouter leurs propres besoins, la routine, mêlée à la fatigue, a eu raison, au fil du temps, de leurs envies les plus profondes.

Ils ont progressivement, insidieusement, perdu le contact avec ce qui les animait alors, jusqu'à oublier, dans certains cas, les raisons de leurs choix. Ces mêmes choix qui les ont pourtant conduits jusqu'ici…

Alors, je les invite, en amont de tout le travail que l'on va construire ensemble, à débrancher leur pilote automatique, à questionner leurs habitudes et à réinterroger leurs choix.

Mes ateliers démarrent systématiquement, et ce n'est pas un hasard, par un état des lieux qui va chercher, fouiller, interroger, révéler et bousculer les automatismes. L'exercice n'est pas toujours agréable, loin s'en faut, mais l'étape est incontournable.

Car ce qui m'importe, c'est de les amener à se réapproprier leur pouvoir de décision. À retrouver le plaisir de choisir en toute conscience.

Petit à petit… Pas à pas.

La voie du *kaizen* : un petit pas à la fois

« Le plus grand des voyages commence toujours par un premier pas. »

Lao Tseu

La voie du *kaizen*, utilisée par les entreprises japonaises dans les années cinquante, est probablement l'une des stratégies les plus efficaces, et assurément la plus douce, pour créer du changement et atteindre un objectif.

En adoptant la voie du *kaizen*, également appelée la philosophie « des petits pas », tout, je dis bien tout devient possible, accessible, à notre portée !

Je suis moi-même une fervente « adepte » de la voie du *kaizen*, que j'applique dans toutes les sphères de ma vie depuis des années et que je n'hésite pas à recommander dès que j'en ai l'occasion dans mes ateliers.

Je préfère mille fois une somme de petits pas semés au long cours, qu'un grand effet qui fait *pshitt !*, pour installer un changement dans la durée, c'est-à-dire un changement définitif.

Et si j'ai choisi d'en parler ici, c'est assurément parce que je suis convaincue que la voie du *kaizen* est la stratégie idéale pour qui se sent freiné dans sa vie par une tendance à la temporisation.

La procrastination naît le plus souvent du découragement que nous avons tous ressenti un jour devant l'ampleur d'une tâche à accomplir, qui nous apparaît soudain « insurmontable », qu'il s'agisse de désencombrer toutes les pièces de sa maison (garage et combles compris), de rédiger les 500 pages de sa thèse ou de courir les 42,195 km d'un marathon.

Or, nous l'avons tous expérimenté également, dans notre quotidien comme pour nos grands choix ou changements de vie, ce premier petit pas est souvent le plus douloureux à faire. Mais une fois ce premier cap franchi, l'effort à consentir nous apparaît moins insupportable.

Adopter la philosophie des petits pas, c'est d'abord accepter de poser un pied devant l'autre.

Or, en posant un pied devant l'autre, vous vous inscrivez d'ores et déjà dans la mise en mouvement de votre corps et la mise en action de votre intention. Vous ne vous en rendez pas compte mais en faisant ce premier pas, vous venez de quitter l'inertie qui vous paralysait un instant plus tôt.

Un changement mineur, insignifiant pour certains, symbolique mais suffisamment manifeste pour d'autres, aide l'esprit à conjurer la peur qui bloque l'action. Un petit pas nous apparaît moins angoissant. Nous en sommes persuadés, ce petit pas est à notre portée. Il ne nous fait pas peur. Nous pouvons nous lancer sans crainte d'échouer.

La voie du *kaizen* apparaît ainsi à celui qui l'expérimente comme une voie agréable, facile, « acceptable », permettant d'atteindre un objectif, même ambitieux, sans effort conscient.

Le rituel du premier pas

Afin d'accompagner en douceur votre mise en action, j'ai choisi de vous proposer au terme de chacune de ces 21 journées un rituel du premier pas, symbolisé sous la forme de ces jolis pas.

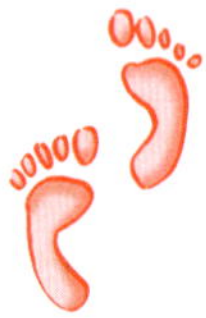

Il s'agit tout simplement d'un petit rituel à accomplir au cours de chaque journée, un premier petit pas agréable, facile, accessible, qui vous permettra d'ancrer visuellement et inconsciemment chacun des petits pas que vous ferez en direction de vos projets et de votre accomplissement.

Il sera là pour vous rappeler que vous n'êtes qu'à un pas du projet qui vous fait tant vibrer...

Mon programme en 21 jours

Ce livre est un programme à part entière, que vous pourrez suivre sur 21 jours. 21 jours, c'est peu, me direz-vous, pour entreprendre un changement profond. Ceux qui me connaissent savent que je n'ai pas pour habitude de proposer des recettes « miracle » et des solutions toutes faites qu'il suffirait d'appliquer à son cas personnel pour que cela fonctionne. Ce serait si merveilleux !

En revanche, 21 jours peuvent réellement suffire pour commencer à ancrer une nouvelle habitude, et, surtout, faire bouger les lignes ! Il suffit parfois d'un mot, d'un exercice, d'un seul petit pas pour provoquer chez l'autre un déclic aboutissant à une profonde prise de conscience. C'est cette prise de conscience-là qui m'intéresse et que je vais chercher à créer en vous, en semant autant de petites graines qui, j'en suis sûre, germeront demain. Profitez pleinement de ce programme de 21 jours et appréciez autant le chemin que la destination !

- Durant les sept premiers jours, nous prendrons le temps de découvrir en quoi consiste exactement la procrastination, de comprendre les mécanismes qui nous y conduisent et surtout d'approfondir la façon, unique par essence, dont vous procrastinez. Cette première semaine vous permettra de vous réapproprier votre pouvoir de décision. Cette réappropriation est libératrice d'une énergie transformatrice très puissante et très touchante à la fois.
- Au cours de la deuxième semaine, nous préparerons le terrain de votre passage à l'action et poserons les bases qui faciliteront en vous un changement de comportement durable.
- Enfin, durant la troisième et dernière semaine, nous balayerons tout ce qui pourrait venir contrecarrer votre action, comme le *multitasking* ou les trop nombreuses distractions qui nous détournent de nos priorités, et veillerons également à souligner les bonnes habitudes qui vous permettront de soutenir votre effort sur la durée, comme celle de dépenser votre énergie à bon escient ou encore d'équilibrer obligations et plaisir dans votre quotidien.

Un journal créatif pour vous accompagner

Durant les trois semaines que vous allez passer à mes côtés, vous allez devoir prendre des notes, travailler, écrire, lister, gribouiller, rayer, griffonner, dessiner pourquoi pas !

Aussi, je vous suggère de vous offrir un joli cahier à spirales (idéalement un grand modèle mais un modèle A5 trouvera davantage sa place dans votre sac) pour accompagner votre aventure !

Prenez le temps de bien le choisir car il vous accompagnera durant les trois prochaines semaines et au-delà si vous le souhaitez ! Vous pourrez y ajouter au gré de votre périple intérieur des photos, des visuels trouvés sur Internet, ou découpés dans un magazine.

Il contribuera à nourrir votre inspiration et votre créativité et vous aidera à visualiser d'autant plus nettement vos projets actuels et futurs.

Les amateurs de *Mind Mapping*, voire pourquoi pas de scrapbooking, devraient apprécier également !

Votre journal créatif est un premier espace, à la fois physique et psychique, que vous pourrez vous approprier, un espace bien à vous, pour vous. Car qui dit journal créatif dit aussi « temps pour écrire, temps pour réfléchir, temps pour créer, dessiner, griffonner... »

En tenant ce journal, vous serez donc « obligé », en quelque sorte, de prendre de la hauteur sur votre quotidien et de vous accorder un temps de pause et de réflexion.

Votre projet en fil rouge

Si vous avez ce livre entre les mains, je suppose que vous vous définissez comme un procrastinateur. Je pars donc du principe que vous procrastinez dans un ou plusieurs domaines de votre vie.

Je vous invite, dès à présent, à prendre votre journal créatif (attention, ne procrastinez pas et faites-le de suite, sans réfléchir !) et à noter tout ce que vous avez tendance, selon vous, à procrastiner !

Visez large, faites le tour de la question, qu'il s'agisse de votre vie professionnelle, de votre vie personnelle ou familiale.

Une fois cette liste rédigée, sur laquelle nous reviendrons un peu plus tard au cours de la première semaine, j'aimerais que vous choisissiez parmi cette liste un projet qui vous tient particulièrement à cœur (j'aurais pu vous inviter à choisir le dossier administratif sur lequel vous bottez en touche depuis des semaines mais tant qu'à faire, autant vous faire travailler sur un projet agréable et qui a du sens pour vous !).

Idéalement donc, choisissez un projet que vous portez dans votre cœur depuis longtemps et que vous repoussez depuis des mois, voire des années, parce que ce n'est jamais, Ô grand jamais, le bon moment, ou parce que vous pensez ne pas être encore prêt…

En tous les cas, prenez un projet qui vous inspire car c'est sur ce projet que vous allez travailler avec moi pendant les trois semaines à venir !

Ça y est, vous l'avez ? Alors, c'est parti !

Jouez le jeu !

Pour que ce programme vous soit réellement profitable et vous fasse progresser sur le chemin de l'action, il importe que vous acceptiez de jouer le jeu à 200 % !

D'abord, en ne vous contentant pas de lire et de comprendre intellectuellement ce que vous lisez mais bien en agissant : gardez votre cahier à côté de vous, votre stylo et tenez-vous prêt à répondre au pied levé aux différents exercices proposés.

Enfin, répondez avec le plus d'honnêteté possible aux questions qui vous seront posées. Personne ne viendra lire vos réponses et vous juger, même pas moi. Restez zen et prenez plaisir au parcours que je vous propose !

J'ai trouvé !!!
Plus besoin de faire une lessive.

SEMAINE 1

État des lieux : je fais le point

JOUR 1
De quoi parle-t-on exactement ?

Procrastination... késaco ?

Du latin *procrastinio* (*pro* qui signifie « en avant » et *crastinus*, qui signifie « de demain », dérivé de *cras*, pour « demain »), le terme « procrastination » désigne une tendance à différer, à remettre au lendemain, à reporter, parfois aux calendes grecques, les obligations que nous pourrions accomplir maintenant.

La procrastination, phénomène complexe, multiforme et multifactoriel, est un mécanisme conscient (quand nous procrastinons, nous savons que nous procrastinons, d'où un fort sentiment de culpabilité) mais qui s'appuie, nous le verrons, sur des ressorts inconscients.

Procrastiner n'est pas le fait d'un report unique. Différer exceptionnellement une tâche qui nous incombe ne relève pas de la procrastination. La tendance qui nous intéresse désigne un comportement qui se répète dans le temps, une inclination générale, qui peut se transformer en habitude et nous enfermer dans un cercle vicieux.

Notre tendance à la procrastination a essentiellement des impacts :
- sur les études (et plus tard dans la vie professionnelle) ;
- sur la routine quotidienne (procrastination routinière) ;
- sur les prises de décision (procrastination décisionnelle).

Selon de rares études sur le sujet, la procrastination toucherait environ 30 % de la population adulte et jusqu'à 50 % des étudiants, chez qui elle occuperait jusqu'à un tiers du temps de veille. Il est même question du « syndrome de l'étudiant ».

Une récente enquête[1] menée par Piers Steel, professeur en sciences humaines et auteur du livre *L'équation de la procrastination*, révèle que 95 % de la population mondiale est tombée au moins une fois dans sa vie dans les travers de la procrastination et qu'1 personne sur 4 souffrirait de procrastination chronique.

Le constat va plus loin : en l'espace de 40 ans, elle aurait augmenté de 300 à 400 %, du fait des nombreuses gratifications instantanées et distractions accessibles aujourd'hui à tout moment et en tous lieux.

La « maladie de l'action »

La procrastination est communément appelée la « maladie de l'action » (même si, comme nous le verrons plus loin, il ne s'agit en aucun cas d'une maladie mais bien d'un comportement).

Pour éviter de passer à l'action dans un domaine en particulier, nous allons développer des stratégies de fuite ou d'évitement, parfois très élaborées, ayant pour seul objectif de nous maintenir dans l'inertie.

Un moi divisé

Car lorsque nous rentrons dans un processus de procrastination, bien malgré nous, nous faisons l'expérience d'un combat intérieur incessant entre la partie de nous qui veut, qui a conscience que nous devons nous y mettre, et la partie de nous qui résiste.

La partie de nous qui veut, mue par l'envie d'en finir avec cette tâche qui l'obsède et la culpabilise, décide alors d'employer la force de sa volonté pour passer à l'action : « C'est décidé, à partir de demain, je me lève une heure plus tôt et je m'y mets ! » ou alors : « Je vais prendre le taureau par les cornes une bonne fois pour toutes et y consacrer toutes mes soirées sur le mois à venir ! »

Puis le moment venu arrive enfin et notre bel enthousiasme, pourtant sincère au moment d'échafauder notre plan, retombe lamentablement comme un soufflet raté.

Cette fois encore.

1. Nadaud-Albertini Nathalie, « Pourquoi faire aujourd'hui ce qu'on peut remettre à demain : comment la procrastination devient LE mal du XXIe siècle », www.atlantico.fr, 27 octobre 2014.

Ces coups d'épée dans l'eau et autres tentatives avortées ne sont pas à prendre à la légère car ils finissent par saper notre énergie et ont un effet dévastateur sur l'estime de soi et la confiance.

Comprendre le principe d'inertie

Souvenez-vous de vos années de collège où votre prof de physique vous enseignait les rudiments de l'inertie !

La force d'inertie est une résistance opposée au mouvement par un corps, grâce à sa masse. Procrastiner équivaut ni plus ni moins à opposer une résistance au mouvement.

Ainsi, selon le principe d'inertie, première des trois lois de Newton, et de manière très schématique, un corps au repos restera au repos, et un corps en mouvement restera en mouvement.

Il vous faudra donc plus de force et d'énergie pour vous mettre en mouvement, pour sortir de l'inertie mais une fois lancé, l'énergie qu'il vous sera demandé pour rester en mouvement sera bien moindre et rester en mouvement, dans l'action, deviendra facile.

Cette force d'inertie fait magnifiquement écho à la loi d'Emmet : « On dépense davantage de temps et d'énergie en vivant dans la crainte d'une tâche à accomplir qu'en l'accomplissant tout bonnement. »

C'est donc bien sur la mise en mouvement qu'il conviendra de travailler. La question qui se pose est la suivante : comment sortir de l'inertie ?

La procrastination : une forme d'autosabotage

Je suis mon pire ennemi

La procrastination fait partie de ces habitudes autodestructrices et masochistes (comme le sont également un perfectionnisme exacerbé ou une culpabilité pathologique) qui nous éloignent de nos objectifs et de notre bien-être.

Selon le Dr Richard O'Connor, psychothérapeute américain, elle est peut-être même « la forme la plus courante et universelle de comportement autodestructeur ».

Alors même que nous savons ce qui est bon pour nous, nous nous évertuons à reproduire des schémas qui nous pénalisent et à agir contre notre propre intérêt, tuant dans l'œuf nos meilleures intentions.

Nous savons pertinemment quelle voie emprunter mais nous continuons de suivre le mauvais chemin, comme si nous étions prisonniers, pris au piège de nos mauvaises habitudes, comme si, finalement, nous n'étions pas tout à fait libres de nos actes.

Résister au changement

Le changement fait peur. Tous les changements, même positifs, génèrent une forme d'anxiété. Voilà sans doute pourquoi nos efforts échouent souvent, car ils ne font qu'aggraver notre peur du changement.

« La plupart de nos comportements autodestructeurs sont le résultat d'une communication insatisfaisante entre nos deux esprits [conscient et inconscient]. Ils nous dispensent des conseils contradictoires ».

Nous avons en effet en nous des forces puissantes qui résistent au changement, même s'il est évident que ce dernier nous serait bénéfique.

Comme une force mystérieuse et étrangère à nous qui vient saboter nos efforts, ce que le Dr Richard Connor appelle le contre-courant (*undertow* en anglais), une force qui nous renvoie invariablement à la case départ.

« Les mauvaises habitudes ont la vie dure. C'est comme si nous étions dotés de deux cerveaux, l'un voulant ce qu'il y a de mieux pour nous et l'autre se braquant désespérément – souvent de manière inconsciente – de façon à favoriser le *statu quo.* »

Ce que n'est pas la procrastination : le point sur les idées reçues !

En termes de procrastination, les idées reçues sont légion ! Fainéante, paresseuse, tire-au-flanc, « flanc-mou » (chez nos amis les Québécois !), sans volonté, faible, la personne sujette à la procrastination n'a décidément pas la cote.

Petit tour d'horizon des préjugés les plus tenaces...

La procrastination n'est pas de la paresse

Lorsque l'on pense procrastination, on imagine facilement une personne avachie sur son canapé qui préfère « passer du bon temps » et paresser plutôt que de se mettre à l'ouvrage.

Or, contrairement à ce que nous pourrions (un peu trop) facilement penser, la procrastination n'a rien à voir avec la paresse ! Les personnes qui procrastinent seraient même plutôt actives et bien organisées… avec ce qu'elles aiment faire, ce qu'elles maîtrisent et ce qui a du sens pour elles. Elles font simplement le choix (conscient ou inconscient) d'une action au détriment d'une autre, qu'elles préfèrent reporter à un moment ultérieur. Il n'est pas rare d'ailleurs qu'elles soient si occupées qu'elles finissent par être débordées !

La procrastination n'est pas non plus une maladie

Il s'agit bien, comme précisé précédemment, d'un comportement, aux conséquences plus ou moins graves, mais en aucun cas d'une maladie. La procrastination ne se soigne donc pas *via* un traitement médicamenteux.

Elle peut en revanche être le symptôme d'une maladie, comme c'est le cas chez les personnes dépressives qui doivent faire face à la perte d'envie inhibitrice de l'action, ou les personnes atteintes du trouble du déficit de l'attention/hyperactivité (ou TDAH), particulièrement sujettes à la procrastination. Ces personnes présentent un effet un déficit de concentration, souvent associé à une hyperactivité.

Les personnes souffrant de TOC (troubles obsessionnels compulsifs) ou de phobies vont également développer des stratégies d'évitement propres à la procrastination.

La procrastination peut enfin être le symptôme d'une anorexie du travail, que l'on va retrouver chez les *workaholics* (personnes souffrant d'addiction au travail). En effet, si certains *workaholics* se caractérisent par leur incapacité à déléguer leur travail, tous les *workaholics* ne sont pas les travailleurs compulsifs que l'on pourrait imaginer. C'est notamment le cas du *workaholic* « anorexique », celui qui procrastine longuement, repousse à plus tard avant de travailler efficacement. Perfectionniste, il ne sait alors plus par où commencer et panique.

On ne naît pas procrastinateur !

On ne naît pas procrastinateur, on le devient, au fil du temps, en particulier au moment des études.

Il ne s'agit en aucun cas d'un trait de caractère héréditaire qui se transmettrait de génération en génération. Si vous vous définissez comme un procrastinateur patenté, rassurez-vous, votre ou vos enfants ne seront pas nécessairement des procrastinateurs à leur tour. Ils le deviendront en revanche plus facilement à travers l'exemple que vous leur transmettrez.

Il s'agit donc bien d'un phénomène acquis et non inné. Et ça, c'est plutôt une bonne nouvelle car comme tout comportement, nous avons la possibilité de le changer en modifiant nos habitudes et notre perception de la réalité !

La procrastination n'est pas qu'un simple problème de gestion du temps

Si c'était aussi simple à régler qu'un problème de gestion du temps (si tant est qu'un problème de gestion du temps soit simple, ce qui est souvent loin d'être le cas…), les procrastinateurs ne seraient pas aussi nombreux !

Cette approche peut suffire dans certains cas – les plus légers – mais s'avère globalement insuffisante.

Considéré comme l'un des grands spécialistes mondiaux sur la procrastination, Joseph Ferrari, professeur de psychologie à l'université DePaul aux États-Unis, valide cette hypothèse : « Proposer un agenda à un procrastinateur, c'est comme de se contenter de demander à un déprimé de sourire ! »

Pour lui, elle est davantage liée à notre capacité d'autorégulation et à notre maîtrise de soi.

La procrastination n'est pas une fatalité !

L'objectif que je me suis fixé en écrivant ce livre est avant tout de redonner espoir. Car non, définitivement non, la procrastination n'est pas une fatalité !

Il est possible, croyez-moi, d'en venir à bout, à condition de ne pas forcer le processus, de progresser avec confiance et sérénité et de rester, quoi qu'il arrive, bienveillant avec soi-même. Les stagiaires que j'accompagne au quotidien en sont les meilleurs exemples !

Inutile, donc, de rajouter de la culpabilité à la culpabilité si vos premières tentatives échouent, si vos premiers petits pas ne portent pas immédiatement leurs fruits. Gardez confiance et recommencez !

En comprenant les mécanismes de la procrastination et en osant regarder en face, avec honnêteté et sans faux-semblant, ce qui vous amène à procrastiner aujourd'hui, vous aurez déjà fait un grand, un énorme pas !

Quand la procrastination devient un handicap...

Nous avons vu que la procrastination était une tendance très courante, plus cognitive que pathologique, qui pouvait toucher chacun d'entre nous. Il est donc question d'un comportement plutôt banal, qui fait de nous des humains à part entière (et non des machines à faire), avec des forces mais aussi des faiblesses, des envies, des désirs, des hausses et des baisses d'énergie.

Mais attention, car derrière un phénomène de mode très prisé par les médias et parfois abordé de manière superficielle (« Il suffit de », « Avec un peu de volonté », ...) se cache dans certains cas une réelle souffrance qu'il convient de prendre au sérieux.

La procrastination peut en effet devenir un véritable handicap et générer de profondes souffrances, avec des conséquences parfois dramatiques : soucis financiers (pénalités, agios...), isolement social, dépréciation de soi, dépression, perte d'emploi, problèmes d'hygiène et de santé, etc.

Un cercle vicieux

Avez-vous remarqué que plus nous procrastinons, plus nous culpabilisons, et plus nous culpabilisons, plus nous procrastinons ! Selon le Dr Bruno Koeltz, médecin et thérapeute comportementaliste, auteur de *Comment ne pas tout remettre au lendemain*[2], « la procrastination, ce n'est pas seulement tout reporter au lendemain, c'est également continuer à reporter ce que l'on a déjà reporté ! »

Afin de rompre le cercle vicieux de l'inertie et modifier durablement nos comportements, il conviendra de travailler prioritairement sur notre discours intérieur en remplaçant petit à petit les pensées qui génèrent des émotions négatives par des pensées différentes.

---

2. Odile Jacob, 2006.

Quand faut-il s'inquiéter ? Quand faut-il consulter ?

Nous pouvons commencer à nous inquiéter quand précisément les conséquences de notre procrastination deviennent pénalisantes, pour soi… ou pour les autres.

Pour soi quand vos reports incessants finissent par vous coûter cher en énergie mais également plus concrètement en agios, pénalités, ou encore quand vous perdez le bénéfice d'une prime ou d'un remboursement faute d'avoir envoyé votre dossier dans les temps.

Au bureau, l'employé qui procrastine peut pénaliser son équipe, et tous ceux qui dépendent en partie de son travail.

Toujours selon le Dr Bruno Koeltz, « quand la procrastination n'est pas un comportement isolé et qu'elle s'accompagne d'autres souffrances, c'est le rôle de votre médecin, voire d'un spécialiste, de vous orienter et de vous aider à identifier les mesures thérapeutiques à mettre en œuvre. »

Il faut alors, dans ce cas, se faire aider par un spécialiste. Les TCC (thérapies comportementales et cognitives) fonctionnent bien, tout comme l'hypnothérapie ou l'EFT (*Emotional Freedom Techniques*), technique de libération émotionnelle qui permet de se libérer des souvenirs douloureux et croyances négatives. L'utilisation des Fleurs de Bach, qui aident à réguler les émotions, est aussi une aide précieuse.

« Il ne s'agit
pas de savoir,
il faut aussi appliquer.
Il ne suffit pas de vouloir,
il faut aussi agir. »

Goethe

J'ARRÊTE DE PROCRASTINER !

Je fais le point sur ma définition de la procrastination

- Et vous ? Quelles sont les idées reçues que vous entretenez sur la procrastination ?
- Quelle image avez-vous de ce comportement ? Et des personnes qui procrastinent ?
- Comment le définissez-vous ?
- Pensez-vous qu'il soit réellement possible d'en venir à bout ou êtes-vous plutôt fataliste sur le sujet ?

Il importe de vérifier à travers ce tout premier pas que nous ferons ensemble si la représentation que vous avez du phénomène correspond à une réalité et si la couleur qui teinte votre perception est plutôt négative ou positive.

JOUR 2
À la source de la procrastination, des causes multiples

Tous soumis à la « loi du moindre effort »

Henri Laborit, médecin chirurgien et neurobiologiste français, a consacré sa vie à l'étude du comportement humain, et en particulier aux rythmes biologiques de l'homme. Ses travaux ont notamment contribué à vulgariser les neurosciences à travers des ouvrages comme *La Nouvelle Grille* ou encore *L'Éloge de la fuite*. Ses travaux sur le conditionnement ont aussi inspiré le film *Mon Oncle d'Amérique* d'Alain Resnais dans lequel il joue son propre rôle pour expliquer le comportement humain.

Lors de ses recherches, il a démontré que l'homme est doté d'un programme biologique de survie qui lui fait fuir le stress et chercher en priorité le plaisir. Un constat que chacun peut faire dans le travail au quotidien : la priorité va aux projets dans lesquels on s'épanouit tout de suite.

La recherche d'une satisfaction immédiate

Grâce à cette découverte, Henri Laborit a donné son nom à une des lois du temps les plus connues. La célèbre loi de Laborit, appelée également « loi du moindre effort », énonce que nous avons tendance à privilégier des actions qui nous procurent une satisfaction immédiate : « Nous avons tendance à faire en premier ce qui nous plaît, ce qui est facile et à remettre à plus tard ce que nous n'aimons pas ou ce qui est difficile. »

Une tendance naturelle fondée sur le comportement animal de l'homme et son instinct de survie (fuir ou combattre) et qui pousse à la procrastination.

Ainsi, nous procrastinons avant tout pour échapper à quelque chose que nous considérons comme désagréable. Nous atteler à cette tâche désagréable génère en nous de la frustration : quand je fais ça, je ne fais pas une autre chose qui me plaît davantage.

Pour pallier cette recherche de satisfaction immédiate, Henri Laborit nous invite à commencer notre journée par ce qui est le plus difficile ou par ce que nous n'aimons pas. Selon lui, en nous « débarrassant d'abord des tâches plus complexes ou ennuyeuses », on libère son cerveau pour la suite.

Un premier petit pas le plus agréable possible !

Cependant, j'ai pu constater dans les faits, auprès de mes stagiaires et coachés, que la stratégie prônée par Laborit et qui consiste à commencer par le plus difficile ou par ce que l'on aime le moins, fonctionne à merveille chez certains et pas du tout chez d'autres, paralysant encore plus l'action.

En effet, il n'est pas toujours opportun de vouloir commencer sa journée ou sa demi-journée par ce qui est le plus difficile.

D'abord, parce que l'on devrait idéalement gérer sa journée au regard de ses seules priorités du jour (qu'elles soient difficiles… ou non, agréables… ou non). Mais aussi parce que dans la plupart des cas, les procrastinateurs le savent bien, ce qui est le plus difficile, c'est de s'y mettre !

J'encourage alors autant que possible mes stagiaires à clarifier et à visualiser dans un premier temps ce qu'ils ont décidé de faire. Si les étapes conduisant à la réalisation de cette tâche sont claires dans leur esprit, le « passage à l'acte » et à l'action s'en trouve facilité.

Je leur demande également d'identifier le premier petit pas qu'ils pourraient faire pour commencer cette tâche. Là encore, c'est un travail de clarification et de déblayage de terrain qui encourage l'action.

Enfin, et parfois à contre-courant de mes confrères ou collègues spécialistes de la gestion du temps, je leur demande de commencer par un premier petit pas le plus agréable et séduisant possible.

Pourquoi ? Parce que leur motivation s'en trouvera fortement accrue, que la tâche ne sera plus, y compris dans leur esprit, rebutante et qu'ils seront moins tentés de procrastiner ou de se disperser.

Une fois le premier petit pas agréable franchi, en règle générale, la machine est lancée et ce qui nous apparaissait insurmontable dix minutes plus tôt, et ce parfois depuis des semaines, se révèle finalement « pas si terrible que ça » et même plutôt agréable !

Une autre façon de se « piéger » ! Et en la matière, toutes les stratégies sont bonnes...

Remettre à demain : oui, mais pourquoi ?

Le manque de clarté associé au manque de sens

Comme nous venons de le voir, trop souvent, nous renonçons à des envies profondes faute de savoir COMMENT commencer.

Sans aller chercher midi à quatorze heures, le manque de clarté est souvent à la source de notre procrastination. Et pour cause ! Il est plus facile de passer à l'action quand nous sommes au clair avec nos objectifs et nos priorités, et quand nous savons précisément ce que nous devrons faire pour commencer, et ce même si l'action en question nous apparaît plutôt désagréable. Ce qui compte avant tout, c'est le sens qu'elle revêt pour nous.

Cela pose d'emblée la question du sens que nous donnons à notre temps et à nos actions. Car nos buts, quels qu'ils soient, sont la somme de nos actions quotidiennes. Il nous est plus facile de focaliser notre attention sur nos priorités quand celles-ci sont clairement définies (nous y reviendrons longuement en semaine 2) : nos actions, perçues comme agréables ou désagréables, prennent sens et notre motivation à « nous y mettre » et à rester centré sur nos activités s'en trouve renforcée.

En résumé, si vous savez précisément où vous souhaitez vous rendre, vous saurez plus facilement ce que vous devrez faire pour y parvenir et vous saurez quelles actions poser précisément.

Le manque d'intérêt

Depuis que je travaille sur ce livre, j'ai eu l'occasion de demander à un grand nombre de personnes, enfants, ados et adultes, les raisons de leur propension à la procrastination. Le manque d'intérêt est sans conteste la raison invoquée n° 1.

Nous procrastinons quand nous éprouvons de la lassitude pour les tâches routinières, considérées comme sans intérêt.

Au travail, la monotonie et la répétition des tâches font partie de l'une des principales sources de contraintes psychologiques. Ainsi, parmi les facteurs de stress professionnel clairement identifiés, l'absence de latitude décisionnelle a d'abord été observée chez des employés avec un faible niveau de qualification, attachés à des tâches subalternes, voire répétitives. Leur métier consistait surtout à exécuter, sans émettre la moindre remarque sur la nature de la tâche, ni même participer à son élaboration.

Ce « stresseur » se retrouve à différents échelons d'un organigramme. Certains salariés peuvent avoir la sensation d'être des pions, subissant les directives qu'ils mettent en œuvre, et toujours susceptibles de retournements venant d'ailleurs.

Le rejet des contraintes

Dans la même veine que le manque d'intérêt, le rejet des contraintes figure en bonne place parmi les causes les plus fréquentes de nos reports incessants.

Un trop-plein d'obligations dans son quotidien, en particulier quand ce trop-plein s'installe dans la durée, peut également contribuer à des mécanismes évidents de procrastination.

Procrastiner revient à opposer une forme de résistance, consciente ou inconsciente, parfois salutaire, face à l'injonction de ceux qui « nous obligent », comme nos ados avec leurs parents ou les professeurs.

Les peurs qui paralysent

Les peurs inconscientes qui sont à l'origine de notre tendance à la procrastination sont légion ! Parmi les peurs les plus fréquentes, figurent la peur de l'échec, la peur de ne pas être à la hauteur, la peur du jugement des autres, la peur du changement, la peur de la réussite aussi ! Je vous inviterai dans la journée qui suit à identifier celle(s) qui se cache(nt) peut-être (sûrement) derrière vos reports incessants.

Elles remplissent essentiellement deux fonctions :

- protéger l'estime de soi ;
- nous maintenir dans notre zone de confort (et donc nous protéger d'un risque potentiel).

À l'origine, aussi, de la procrastination

Nous ne les passerons pas toutes en revue, elles sont trop nombreuses, mais vous avez ici une liste non exhaustive des raisons qui peuvent, consciemment ou non, nous conduire à temporiser.

Je reviendrai d'ailleurs sur la plupart d'entre elles au fil de ce programme, préférant les développer et vous les présenter avec les stratégies idoines.

- ✔ Un manque d'estime de soi
- ✔ Un excès de perfectionnisme
- ✔ La difficulté de concentration et d'attention
- ✔ La dispersion, le papillonnage
- ✔ Le manque d'énergie, la fatigue
- ✔ Le stress chronique, l'épuisement (professionnel ou parental)
- ✔ Une difficulté à décider, une absence de décision ferme
- ✔ Des objectifs flous, mal définis
- ✔ Des objectifs trop… ou pas assez ambitieux
- ✔ Une mauvaise gestion du temps, une mauvaise organisation
- ✔ Une rébellion mal placée (appelée également « l'arme des faibles »)
- ✔ Un manque de maîtrise de soi
- ✔ Une addiction à l'adrénaline, un goût prononcé pour les sensations fortes
- ✔ Le poids des habitudes
- ✔ Le découragement devant l'ampleur d'une tâche

J'ARRÊTE DE PROCRASTINER !

Je résiste au plaisir immédiat

- Êtes-vous capable, aujourd'hui seulement, de résister à un seul plaisir immédiat ?
- Choisissez dans votre journée quelque chose qui vous apporte une forme de plaisir et de réconfort et décidez sciemment de différer votre plaisir à plus tard (idéalement à demain).
- Remplacez la satisfaction de ce plaisir immédiat par une action que vous considérez comme plutôt désagréable.
- La pratique de la pleine conscience, à titre d'exemple, nous invite à nous confronter à une expérience désagréable (comme peut l'être le fait de rester assis pendant quarante-cinq minutes au tout début de notre pratique méditative !) et à renforcer, progressivement, notre capacité à résister en acceptant ce qui est.
- « La meilleure manière d'être, c'est d'arrêter de vouloir rendre les choses différentes de ce qu'elles sont, c'est découvrir le défi d'être présent avec ouverture et légèreté ! Ainsi, nous pouvons rester présents malgré les difficultés, quand c'est inconfortable, quand ce n'est pas comme nous le voudrions, quand les émotions surgissent. Il s'agit d'accueillir l'expérience telle quelle sur le moment, sans essayer de contrôler ou d'en faire quelque chose, même si c'est désagréable », nous enseigne Laurence Bibas, instructrice en *mindfullness* (pratique de la pleine conscience).
- En vous confrontant plus souvent à une expérience perçue comme désagréable, vous vous rendrez compte que l'inconfort perçu initialement n'est finalement pas « si terrible que ça » et que vous avez en vous la capacité de muscler votre maîtrise de soi et votre capacité d'attention, indispensables à la réussite de vos projets.

JOUR 3

J'identifie mon profil de procrastinateur

Il est temps désormais de vous pencher sur *votre* cas en particulier (après tout, vous êtes là pour cela) et de vous livrer à un état des lieux exhaustif de votre tendance à la procrastination.

- → Quel procrastinateur êtes-vous ?
- → Comment fonctionnez-vous ?
- → Quels sont les mécanismes qui vous conduisent vous, en particulier, à différer vos projets ?

C'est à ces questions et à quelques autres (vous verrez, je suis très forte pour poser des questions, mes stagiaires en savent quelque chose !) que vous devrez répondre en toute franchise et sans détour.

Chaque procrastinateur est unique

La procrastination, nous l'avons vu, concerne tout le monde ou presque, à des degrés divers. Rares sont ceux qui ne temporisent jamais, et encore plus rares sont ceux qui n'ont jamais procrastiné de leur vie.

Il y a d'un côté les procrastinateurs occasionnels, qui font l'école buissonnière de temps en temps pour relâcher la pression, avec toutefois une pointe de culpabilité teintée d'un léger sentiment de honte (« Fichtre, j'ai failli... »), et les procrastinateurs de compét' qui après avoir « tout essayé » (*really?*) ont décidé de s'assumer et se revendiquent désormais « procrastinateurs et fiers de l'être ». Entre les deux extrêmes, cohabitent joyeusement, mais parfois aussi douloureusement, une brochette de profils différents.

Et pour cause ! Il existe autant de façons (bonnes ou mauvaises !) de procrastiner que la Terre compte de procrastinateurs : chaque procrastinateur est unique, et différent !

Une approche personnalisée du problème est donc vivement recommandée.

Néanmoins, les grands spécialistes mondiaux que sont les Dr Ferrari et Dr Pychyl sont parvenus à identifier trois grands types de procrastinateurs :

- Les éveillés, ou chercheurs de sensations fortes, qui attendent la dernière minute pour travailler sous pression et obtenir la bouffée euphorique associée.
- Les évitants, qui vont éviter la peur de l'échec ou même du succès, mais qui restent dans tous les cas préoccupés par l'opinion des autres sur eux-mêmes ; ils préfèrent que les autres pensent qu'ils ne font pas d'effort plutôt qu'ils manquent de capacités.
- Les indécis, qui ne peuvent pas prendre une décision, ce qui leur ôte toute responsabilité pour la suite des événements (procrastination décisionnelle).

Test : C'est grave, Docteur ?

Afin de mieux cibler les stratégies qui seront les plus efficaces pour vous, vous pourrez, en répondant à ce test de 21 items, déterminer au plus juste votre profil de procrastinateur : quel procrastinateur êtes-vous ?

Il vous suffit de cocher les cases qui vous correspondent.

		VRAI	FAUX
1	Je travaille mieux sous la pression.		
2	J'ai tendance à sous-estimer le temps que me prennent mes tâches.		
3	Je suis complètement débordé(e), je n'ai pas le temps.		
4	J'ai besoin que les choses soient faites parfaitement, à ma manière.		
5	J'ai du mal à me concentrer, j'ai tendance à perdre le fil de ce que j'étais en train de faire.		
6	Je me décourage devant l'ampleur de la tâche avant même de commencer.		
7	J'ai du mal à m'y mettre si je ne suis pas motivé(e), et la plupart de ce que j'ai à faire m'ennuie profondément.		

.../...

8	Je ne me sens pas la force ou l'énergie de démarrer quoi que ce soit.		
9	J'ai trop de projets et d'objectifs en tête, je m'y perds.		
10	J'ai largement le temps de m'y mettre, en donnant un gros coup de collier à la fin.		
11	Je manque de confiance en moi, j'ai peur de ne pas y arriver.		
12	J'ai tant à faire, je ne sais pas par où commencer.		
13	Cette tâche est nouvelle, je ne sais pas exactement ce que je dois faire.		
14	Les *deadlines* m'inhibent, elles me paralysent.		
15	Je suis fatigué(e) d'avoir toujours quelque chose à faire. Ma liste est sans fin.		
16	Je déteste les corvées administratives, ce n'est pas pour moi.		
17	Je suis un(e) créatif(ve), un(e) rêveur(se), je suis tout le contraire de ceux qui planifient et anticipent.		
18	Je rate souvent des opportunités en oubliant de m'y mettre dans les temps.		
19	Je n'aime pas respecter les délais, j'ai besoin de temps.		
20	J'ai du mal à prendre une décision, j'ai peur des conséquences de mes choix.		
21	Je ne m'accorde jamais de pause, j'enchaîne les obligations.		

Prenez le temps de relire et d'analyser les affirmations que vous avez cochées. Que remarquez-vous ? Certaines affirmations se ressemblent-elles ?

. . . .

. . . .

. . . .

. . . .

. . . .

. . . .

- En fonction de vos réponses, vous constaterez peut-être que votre tendance provient d'une mauvaise gestion de votre énergie, d'un état de fatigue général, ou encore que vous ne supportez plus les obligations.
- Vous pourrez, en fonction des résultats de ce test, ajuster votre stratégie en mettant l'accent sur certaines propositions de ce livre plutôt que sur d'autres, qui vous concerneront peut-être moins.

Ne vous arrêtez cependant pas en si bon chemin et poursuivez votre investigation en vous livrant à un état des lieux en 7 étapes qui vous permettra de mieux vous connaître et surtout d'en savoir plus sur votre mode de fonctionnement lorsque vous souhaitez passer à l'action.

Un état des lieux en sept étapes

Vous trouverez sur le lien www.dianeballonadrolland.com/carnet-jarrete-de-procrastiner un **carnet d'exercices à télécharger gratuitement**, comprenant notamment une grille que vous pourrez imprimer. Utilisez-la sans modération, pour chacune des tâches que vous procrastinez.

Une tâche = une grille.

C'est parti !

Étape 1 : j'identifie ce que j'ai tendance à reporter

Première étape de votre état des lieux : identifier ce que vous avez tendance à reporter.

→ Sur quelles tâches en particulier procrastinez-vous ?

Souvenez-vous, en introduction de ce livre, je vous avais invité à rédiger une liste de toutes les tâches que vous procrastinez, afin d'identifier dans cette liste LE projet qui vous tient à cœur et sur lequel je m'apprête à vous faire travailler.

Reprenez cette liste à tête reposée et complétez-la si besoin. Êtes-vous sûr de n'avoir rien oublié ?

Une fois votre liste complétée, regardez si vous avez tendance à procrastiner plutôt dans un domaine en particulier et essayez d'en comprendre les raisons.

→ Pourquoi ce domaine-ci en particulier ?

Pour vous aider à faire le tour de la question, voici les principaux domaines dans lesquels nous avons tendance à procrastiner : Administratif personnel ; Vie sociale, amicale ; Études, Vie professionnelle ; Vie quotidienne, familiale ; Prévention, santé.

Le témoignage de Julie

Une petite astuce que j'ai trouvée depuis quelques années : lorsque j'ai un rendez-vous médical à prendre, je m'y prends très en avance et je demande le premier rendez-vous de la journée. Résultat : peu d'attente, donc rendez-vous moins chronophage et praticien souvent assez disponible et à l'écoute. Bref, je trouve que c'est une opération gagnante !

Étape 2 : j'identifie ce qui me rebute précisément dans mes tâches à accomplir

Choisissez parmi votre liste une tâche à accomplir, isolez-la en la notant en haut d'une feuille de votre carnet et observez-la.

Qu'est-ce qui vous rebute précisément dans cette tâche ? Parfois, il ne s'agit que d'une petite partie de cette tâche, mais une partie qui peut bloquer tout le processus.

Identifiez cette partie en particulier qui vous rebute et qui bloque l'action tout entière.

Posez-vous la question sans détour :

→ Qu'est-ce qui me déplaît précisément dans cette tâche à accomplir ?

Étape 3 : j'identifie tout ce qui m'empêche de m'y mettre

Remontez le plus possible à la source et identifiez tous les freins et blocages qui vous empêchent de vous y mettre :

→ Qu'est-ce qui vous pousse à remettre à plus tard ?

→ Que ressentez-vous à ce moment-là ?

- Comment s'exprime le sentiment de culpabilité ?
- Quel discours vous tenez-vous à vous-même à cet instant-là ?

Étape 4 : je fais le point sur mes « fausses bonnes excuses »

Bien que le procrastinateur ait conscience de son attitude, il la cache en se réfugiant derrière des « excuses ». Il est même le champion toute catégorie de l'excuse, un véritable Expert en la matière, tentant aussi bien de convaincre les autres que lui-même de sa bonne volonté !

Vous vous reconnaissez dans cette description ? Vous aussi, il est fort probable que vous ayez développé au fil de votre expérience de procrastinateur une longue liste d'excuses que vous avez affinées avec les années. Elles ne sont jamais loin, toutes prêtes à être dégainées au moindre report. Ce sont vos jokers ! Vous avez même aujourd'hui dans votre jeu de cartes une excuse « sérieuse » pour chaque événement « contrarié ».

À moins qu'à court d'argument sérieux pour justifier votre retard, vous ne souffriez peut-être, vous aussi, du syndrome de la « gastro » : « Excusez-moi, je n'ai pas pu finir mon travail ce week-end, j'ai eu une terrible gastro, l'épidémie court dans la région. »

Son équivalent « grippe » est très prisé également. Allez, nous l'avons tous fait au moins une fois (moi compris) !

Bref, nous nous mentons à nous-mêmes et mentons aux autres concernant les conséquences de nos actes.

Parmi les « fausses bonnes excuses » les plus fréquentes, figurent dans le « top 3 » les incontournables :

- « Je n'ai pas le temps » / « Je n'ai pas eu le temps » / « J'ai trop de choses à faire » / « Je suis débordé (l'excuse la plus utilisée, toutes catégories confondues !) »
- « Je suis fatigué »
- « J'ai (complètement) oublié (oui, le banal trou de mémoire a bon dos !) »

Les excuses invoquées par les procrastinateurs expriment tantôt un manque (de temps, d'énergie, d'argent, d'information de soutien, etc.), tantôt un besoin (« J'ai besoin d'une information / d'une confirmation / d'une validation / de vérifier une information », etc.).

Il manque toujours à celui qui procrastine ce dernier petit truc qui l'éloigne de l'action, le déchargeant de sa responsabilité (« Ce n'est pas de ma faute ! »).

- Et vous, quelles sont les « fausses bonnes excuses » que vous invoquez pour justifier votre non-action ?
- Que faites-vous à la place ?
- De quoi cette tâche de substitution vous soulage-t-elle ?

Étape 5 : je prends conscience du prix de ma procrastination

- Quel est le prix de votre tendance à la procrastination ?
- Qu'est-ce que cela vous a coûté, au sens propre comme au sens figuré, jusqu'à maintenant ?

Balayez large et faites vos comptes : finances, perte de temps, perte d'énergie, stress, relations...

Soyez le plus exhaustif possible, faites appel à votre mémoire, il est temps de demander l'addition !

Étape 6 : j'explore les bénéfices cachés de mon inaction

« On sait ce que l'on perd, on ne sait pas ce que l'on gagne », dit l'adage populaire.

J'imagine déjà votre mine dubitative : « Comment ? Il y aurait donc des bénéfices secondaires à procrastiner ? J'ai du mal à le croire. »

Pourtant, la réponse est oui, sans la moindre hésitation. Vous avez en effet, même si vous n'en avez pas toujours conscience, un ou plusieurs avantages à procrastiner. À vous de les identifier !

- Quels sont les bénéfices cachés, ou secondaires, de votre inaction ?
- Autrement dit, quels sont les avantages dont vous bénéficiez aujourd'hui et que vous pourriez risquer de perdre en passant à l'action ?

Étape 7 : j'ose me confronter à mes peurs

Nous avons, au cours de la journée précédente, passé en revue les différentes peurs qui pouvaient favoriser une tendance à la procrastination. Ces peurs, en vous évitant de prendre un risque, ne sont guidées que par un seul et même objectif : protéger votre estime de soi. Souvenez-vous, la procrastination est avant tout la mise en œuvre d'un processus d'évitement et de protection.

La capacité à affronter ses peurs et à se confronter au réel fait partie des stratégies les plus efficaces pour se libérer de sa tendance à la procrastination.

J'ARRÊTE DE PROCRASTINER !

→ Avez-vous l'impression de ressentir, pour chacune des tâches que vous reportez, une ou plusieurs de ces peurs ?

Si la réponse est oui, osez vous confronter à ces peurs en regardant chacune d'elles en face :

→ Cette peur est-elle fondée ?

→ Sur quoi s'appuie-t-elle précisément ?

→ Avez-vous des preuves ou des faits concrets et avérés qui pourraient donner du crédit à cette peur ou relève-t-elle davantage d'une croyance limitante inconsciente ?

→ Comment pourriez-vous prendre le contre-pied de cette peur ? Qu'est-ce qui pourrait venir renforcer votre sentiment de confiance ?

Vous verrez, cet exercice, là encore, est libérateur !

Je m'observe pendant une semaine

Lorsque j'accompagne une personne en gestion du temps, je l'invite à remplir durant une semaine au moins un « relevé d'activité ». Je lui demande en effet de noter scrupuleusement, heure après heure, ce qu'il advient réellement de son temps. L'objectif de cet exercice contraignant est simple : mieux cerner son propre rapport au temps et se doter d'un outil d'analyse pertinent et fidèle à la réalité.

Pendant toute une semaine, à compter d'aujourd'hui, je vais vous demander d'observer très attentivement votre comportement et de noter dans votre journal créatif (ou dans le carnet d'exercices téléchargeable gratuitement sur le lien www.dianeballonadrolland.com/carnet-jarrete-de-procrastiner) toutes les fois où vous procrastinez.

.../...

Vous noterez rigoureusement, avec le plus d'honnêteté possible :

- le jour et l'heure du « délit » ;
- la tâche à accomplir que vous êtes sur le point de procrastiner (éventuellement la partie de la tâche qui vous rebute en particulier) ;
- la fausse bonne excuse que vous vous apprêtiez à invoquer ;
- la vraie raison qui vous empêche, à ce moment précis, de vous y mettre ;
- la peur ou les peurs qui se cachent probablement derrière cette envie de report ;
- le sentiment que vous éprouvez (culpabilité, honte, soulagement à botter en touche, sentiment de faire le bon choix en reportant, etc.) ;
- le premier petit pas, enfin, qui pourrait vous rendre la tâche la plus agréable possible.

Au bout d'une semaine, faites les comptes et notez le nombre de fois où vous avez été tenté(e) de procrastiner et le nombre de fois où vous avez su résister à cette tendance.

- Qu'avez-vous découvert au terme de cette semaine ?
- Qu'est-ce qui vous a le plus surpris(e) ?

Au-delà de l'intérêt évident de mieux comprendre comment vous fonctionnez quand vous êtes tenté(e) de procrastiner, le fait de vous observer en temps réel vous permettra à la fois de conscientiser et de mettre de la distance entre vous et ce comportement.

Et donc de commencer à vous en détacher. Car comme nous le verrons dans les jours qui suivent, vous « n'êtes » pas ce comportement. Vous êtes différent(e) de lui et vous pouvez à tout moment choisir de vous en libérer définitivement.

J'ARRÊTE DE PROCRASTINER !

JOUR 4

J'abandonne ma quête de la perfection

Je prends conscience de ma tendance au perfectionnisme

Le perfectionnisme est défini comme une tendance à vouloir tout faire avec un souci exagéré de la perfection. En psychologie, il consiste à se comporter comme si la perfection pouvait et devait être atteinte. Sous sa forme extrême, c'est-à-dire pathologique, le perfectionniste considère toute imperfection comme inacceptable.

Au travail, le perfectionnisme est souvent caractérisé par une faible productivité, quand des individus consacrent du temps et de l'énergie aux petits détails sans importance d'un projet plus vaste, ou encore à des activités quotidiennes sans intérêt.

Ici, la procrastination est l'une des conséquences d'un comportement perfectionniste, comme le sont également la peur de l'échec, la philosophie du « tout ou rien », la paralysie du perfectionniste et la dépendance au travail.

Les perfectionnistes privilégient ainsi la philosophie du « tout ou rien » qui les amène à croire qu'une réalisation est soit parfaite, soit inutile.

Un comportement perfectionniste se révèle dans trois situations identifiées par Hewitt et Flett en 1991 :

- afficher sa propre perfection ;
- éviter les situations où l'on pourrait apparaître imparfait ;
- ne pas révéler les situations où l'on a été imparfait.

Pour les procrastinateurs à tendance perfectionniste, mieux vaut donc ne rien faire que risquer l'échec et le regard négatif des autres (paraître incompétent, stupide, incapable, ignorant, etc.).

Deux stratégies peuvent venir à bout de ce comportement néfaste :

- faire face à sa peur de l'échec ;
- se fixer des objectifs réalistes.

Mais gardons-nous de faire des raccourcis trop rapides entre les procrastinateurs et les perfectionnistes : tous les procrastinateurs ne sont pas des perfectionnistes. De la même manière, tous les perfectionnistes ne sont pas des « retardataires chroniques » !

J'accepte ma propre imperfection

Nous sommes imparfaits par nature, c'est ce qui nous rend humains. Pourquoi alors avons-nous tant de mal à accepter notre imperfection ? Pourquoi persistons-nous à croire que nous pouvons nous illustrer de nos contemporains en atteignant l'inatteignable ?

Nous corrélons encore trop souvent notre propre valeur à ce que nous faisons. Plus nous réussissons, plus notre valeur est élevée. Au contraire, en cas d'erreurs ou d'échecs répétés, nous ne valons plus rien, en tous les cas pas grand-chose à nos yeux : « Je suis nul ! Je ne suis même pas foutu de... ! Quel bras cassé ! Je ne vaux rien ! »

Il vous appartient dès à présent de faire la différence entre ce que ce que vous êtes et ce que vous faites. Réfléchissez à ceci et répétez-le à voix haute aussi longtemps qu'il le faudra pour vous en convaincre : « Je ne suis pas ce que je fais ! »

En faisant la différence entre vous et vos actes, vous faites preuve de plus d'indulgence envers vous-même et comprenez que vous avez tout simplement, vous aussi, droit à l'erreur, y compris dans la sphère professionnelle.

Une étude menée au sein de 2 200 entreprises par Hay®, un groupe mondial de conseil en ressources humaines, montre que les entreprises dont les salariés ont le droit de se tromper (environ 70 % de toutes les entreprises européennes concernées par l'étude) se remettent plus vite et mieux des contrecoups, et ont un plus grand esprit d'innovation.

De plus en plus de gens sont fatigués de vivre dans une société obsédée par la performance. Dans le monde de l'enseignement, un nouveau mouvement appelle à remettre l'accent sur le plaisir d'apprendre, et non sur les résultats.

Selon le psychologue néerlandais Arjan van Dam, « des recherches ont montré que 60 % des personnes ont le sentiment de vivre dans une société de la prouesse. Mais 10 % seulement en sont contentes. En fait, nous voulons juste nous sentir bien, tous ensemble. Et se tromper en fait partie. »

À nous de changer notre regard sur nos erreurs et de voir les moments où l'on se trompe comme le point de départ du véritable travail.

→ Vous autorisez-vous à vous tromper ? Vous donnez-vous, aujourd'hui que vous êtes adulte et responsable, le droit à l'erreur ?

→ Que ressentez-vous lorsque vous commettez une erreur ?

Je revois mes exigences à la baisse et je dis stop à la pression !

Tordons le cou à nos exigences disproportionnées !

La première étape pour venir à bout de sa quête de perfection est d'avoir conscience, nous venons de le voir, de sa tendance au perfectionnisme.

La seconde étape est d'être conscient de ses attentes, souvent irréalistes, et de ses exigences, celles qui proviennent des autres et de la société en particulier, mais aussi celles que nous avons créées de toutes pièces.

Souvent disproportionnées, les exigences que nous nous imposons à nous-mêmes nous maintiennent à un haut niveau de stress et de pression.

Avons-nous la possibilité d'agir autrement ? La réponse est oui, évidemment, en prenant le temps :

- d'identifier consciencieusement les exigences que nous nourrissons, généralement depuis des années (grâce aux injonctions de perfection ou de performance intégrées depuis l'enfance), à notre égard ;
- de travailler sur chacune de ses exigences en les revoyant progressivement à la baisse, en tous les cas à un niveau « acceptable » pour nous.

J'adopte la loi de Pareto

Pour « soigner » votre désir de perfection, appliquez la loi de Pareto qui est ni plus ni moins une invitation à se concentrer sur l'essentiel !

Datant de la fin du XIXe siècle, le principe de Pareto, aussi appelé « la règle des 80-20 », doit son nom à l'économiste et sociologue italien Vilfredo Pareto. Il résume à lui seul un « principe » de probabilités qui s'applique à de nombreux domaines, à commencer par l'efficacité au travail, et qui dit que :

- 20 % des causes engendrent 80 % des effets ;
- 20 % des facteurs influent sur 80 % des objectifs ;
- 80 % des résultats (positifs ou négatifs) sont obtenus par seulement 20 % de notre travail.

Par exemple, 20 % de la population mondiale détiennent 80 % des richesses. 20 % de la population mondiale tirent profit de 80 % du revenu global de la planète.

Cette loi est ensuite appliquée au contrôle qualité dans les années cinquante-soixante par Joseph Juran, un ingénieur d'origine roumaine exilé aux États-Unis. Il voit dans le principe de Pareto un « outil d'analyse universel » qui permet de séparer n'importe quoi en deux groupes : l'essentiel et l'accessoire. Par exemple, 80 % du chiffre d'affaires d'une entreprise est réalisé grâce à 20 % des clients mais surtout, 80 % des résultats sont obtenus par 20 % de notre travail.

Appliquée à la somme de nos tâches à accomplir, la loi de Pareto souligne notamment l'intérêt de démarrer une action, et ce même si nous savons que nous ne pourrons pas « produire » 100 % de ce qui nous est demandé, à la condition de nous concentrer sur l'essentiel.

Lorsque j'aborde la gestion du stress en formation, j'invite souvent mes stagiaires à abaisser leur niveau d'exigence et à accepter que leur travail soit (bien) fait à 80 % (voire à 70 %).

Accepter de lâcher prise (aussi) à la maison

À la maison comme au travail, adoptez sans complexe le CQFAR de Ségolène Finet, PDG de mamaNANA® : « Celui qui fait a raison » ! Découvert dans le guide *Les 200 astuces de Maman travaille* de Marlène Schiappa[1], le

1. Leduc.s, 2013.

CQFAR relève davantage d'un état d'esprit qui consiste à accepter que les tâches soient faites par l'autre, et ce même si elles ne sont pas « parfaitement » exécutées (c'est-à-dire à notre manière !). Car ce qui compte avant tout, c'est qu'elles soient faites !

Lorsque j'anime mon atelier interactif en ligne *On s'organise à la maison*, la question épineuse de la répartition des tâches est évidemment au cœur des débats.

Dans la grande majorité des cas, le partage des tâches est inégal, et ce pour diverses raisons (un conjoint qui s'absente longtemps, des temps de travail inégaux, le choix de rester au foyer, un congé parental, etc.).

Mais parmi ces raisons, figure également le besoin de contrôle de la femme qui peine à lâcher du lest et à faire confiance à son entourage (conjoint et enfants compris). Elle a souvent du mal à « déléguer » parce qu'elle part du principe qu'elle ira plus vite à le faire, qu'ils feront moins bien qu'elle et qu'elle sera « obligée » de repasser derrière.

Résultat pour elle : une perte de temps et d'énergie !

Cela se reflète parfaitement dans la sémantique qu'elle utilise et qui suggère d'emblée, y compris à titre inconscient, que l'entretien de la maison fait partie de ses prérogatives : « Non, mais moi, tu sais, j'ai de la chance car mon mari m'aide. » Grave erreur ! Il ne l'aide pas, il participe à l'entretien de la maison (quand c'est le cas, bien sûr !).

Si chez vous aussi, les tâches domestiques sont un sujet épineux, interrogez-vous sur votre niveau d'exigence et celui de votre conjoint.

En matière d'organisation familiale, déterminez (à deux idéalement) vos propres standards de rangement et de propreté dans la maison. Définissez le seuil de ce qui est acceptable et tolérable pour vous et votre conjoint. Ces seuils vous sont propres (c'est le cas de le dire) et vous donneront des repères pour maintenir un foyer (à peu près) en ordre, selon vous, et pour vous.

Et tenez-vous en à ces critères ! Pas plus, pas moins.

→ Et vous, avez-vous également besoin, au travail comme à la maison, que tout soit fait à votre idée ?

J'accepte la possibilité de l'échec

> « *Quand on ose,*
> *on se trompe souvent.*
> *Quand on n'ose pas,*
> *on se trompe toujours.* »
>
> **Romain Rolland**

Croyez-moi, l'échec n'est pas mortel (je serais morte depuis longtemps !). Vous ne mourrez pas d'échouer dans votre entreprise. L'échec, au contraire, forge l'expérience.

L'échec, en France en particulier, est culturellement dévalorisé. Il est encore perçu péjorativement là où d'autres pays, anglo-saxons notamment, le valorisent et le considèrent comme une preuve d'expérience et de courage. Aux États-Unis, on donne plus facilement une seconde chance à quelqu'un.

Accepter dans son esprit la possibilité, même infime, d'un échec présente l'avantage immédiat de faire baisser le niveau de pression que l'on s'impose.

En démontant la mécanique de notre peur, nous dédramatisons les enjeux.

- → Est-ce si grave si vous échouez ?
- → Ou si vous ne parvenez pas exactement au résultat escompté ?

Changez votre regard sur l'échec, abordez-le prioritairement sous l'angle de l'apprentissage, comme une étape sur le chemin de votre réalisation, et félicitez-vous : vous avez essayé là où d'autres ont renoncé, de peur d'échouer. Rien n'est plus triste que de terminer sa vie avec des regrets !

Neutralisez votre peur de l'échec en valorisant davantage le courage d'oser, le courage d'essayer. L'échec, comme la réussite, est avant tout lié à une question de perception.

Là où certains voient un échec, d'autres voient une réussite.

À vous ! Que feriez-vous si vous n'aviez plus peur d'échouer ?

Même si dans certaines situations, la peur peut aussi être salutaire et même s'il est difficile, voire impossible, de supprimer toutes nos peurs, les peurs que l'on traîne chaque jour avec soi sont un frein qui nous empêche d'avancer.

Vous pourrez à coup sûr progresser plus facilement dans votre vie en vous débarrassant des peurs, conscientes ou inconscientes, réelles ou irraisonnées, qui vous empêchent de libérer tout votre potentiel et d'exprimer pleinement qui vous êtes vraiment.

- Rétrospectivement, qu'est-ce que la peur de l'échec vous a-t-elle empêché(e) d'être ou de faire par le passé ?

- Qu'est-ce que votre peur de l'échec vous empêche encore d'être ou de faire aujourd'hui ?

- Pouvez-vous imaginer ce que vous vous sentiriez capable d'être ou de faire si vous n'aviez plus peur d'échouer ?

Je passe à l'action avec le *draft* !

✔ Une action, et en particulier quand il s'agit d'une œuvre, est toujours perfectible. Les créateurs et artistes en savent quelque chose ! Mais lorsque l'on veut, au moment d'entamer une création, atteindre la perfection, on se heurte rapidement à un blocage qui peut inhiber l'inspiration.

.../...

- Avec l'exercice du *draft*, vous allez réaliser un premier jet, et ce, dans tous les pans de votre vie, et en particulier là où votre tendance au perfectionnisme s'exprime le plus.
- Comme l'explique Pascale Bélorgey dans *La boîte à outils de la gestion du temps*[2], « le *draft* (du terme anglais qui signifie « brouillon » ou « ébauche »), au contraire, permet de dégrossir les idées à moindre effort, sans souci de mise en forme, pour le soumettre à la critique » (la vôtre ou celle des autres).
- Le *draft* est donc « une version brouillon d'un livrable », quel qu'il soit.
- Pour ce « rituel du premier pas » du jour, vous allez choisir un mini-projet que vous avez tendance à procrastiner par souci de perfection. Il peut être en lien avec le projet que vous avez choisi ou non.
- Il doit en tous les cas s'agir de quelque chose que vous « devez » produire, pour vous ou pour les autres (au travail ou dans le cadre de votre vie personnelle ou familiale). Il s'agit donc d'un « livrable ».
- À ce stade, donnez-vous uniquement le *draft* pour objectif, rien de plus. Cela va vous aider à ne pas vous mettre la pression et à laisser libre court à votre imagination et créativité.

Pour aller plus loin

→ Akoun Audrey et Pailleau Isabelle, *Je dis ENFIN stop à la pression*, Eyrolles, 2014.

2. Dunod, 2014.

J'ARRÊTE DE PROCRASTINER !

JOUR 5

Je me déleste de la culpabilité

Je déjoue l'engrenage du « retard coupable »

Mea culpa

La procrastination, appelée également le « retard coupable », va de pair avec un sentiment de culpabilité. Nous nous sentons coupables, à des degrés divers, de ne pas accomplir notre tâche. Nous nous sentons « en faute ».

Mais qu'est-ce qu'au juste se sentir coupable dans une époque où nous culpabilisons à tout bout de champ ?

La culpabilité se définit comme un état émotionnel inconfortable, voire douloureux, qui se manifeste quand on a l'impression de ne pas avoir agi correctement par rapport à des normes sociales ou morales, à des lois, ou bien encore à ses propres valeurs.

Le sentiment de culpabilité est universel, il existe chez chacun d'entre nous, même quand tout va bien, quand tout – ou presque – nous sourit. Nécessaire à la vie et à tout équilibre social, il s'avère très utile dans la mesure où il permet de réguler les comportements, les conduites individuelles et les transgressions tant des lois que des normes morales, comme l'explique Sarah Famery dans son livre *Vivre sans culpabiliser*[1].

Pour en revenir à la procrastination, la mauvaise conscience que nous ressentons lorsque nous n'accomplissons pas notre tâche nous empêche de vivre sereinement le choix que nous avons fait : celui de nous consacrer à une autre tâche ou de ne rien faire du tout au lieu de nous atteler à ce que nous considérons comme une obligation.

Sans sentiment d'obligation, pas de culpabilité !

---

1. Eyrolles, 2014.

La difficulté de prendre du temps pour soi sans culpabiliser

C'est ce qui explique par exemple que nombre des femmes que j'accompagne, ces « jongleuses du quotidien » comme j'aime à les appeler, ont tant de mal à profiter réellement du temps qu'elles s'accordent lorsqu'enfin, dans leur agenda surchargé, elles acceptent de s'accorder un temps pour elle.

Pourtant, le temps pour soi est essentiel parce qu'il nous évite de vivre comme des robots, branchés sur pilote automatique, parce qu'il nous reconnecte à nous-mêmes, à nos besoins, à nos envies. C'est ce que Laurent Schmitt, auteur de *Le temps pour soi*[2] appelle « conquérir son temps intime ».

Il nous permet surtout de nous ressourcer et de recharger les batteries. Il est donc indispensable à notre équilibre, *a fortiori* dans notre quotidien survolté et encombré, sous peine de « disjoncter », au sens propre comme au sens figuré. Car le temps pour soi agit littéralement comme une soupape de sécurité.

Mais toute la difficulté réside non pas tant dans le fait de prendre du temps pour soi, mais dans celui de prendre du temps pour soi sans culpabiliser.

Il s'agit donc de s'autoriser :

- à prendre du temps pour soi

ET

- à profiter pleinement de ce temps pour soi sans avoir l'impression de pénaliser les autres, et donc sans culpabiliser.

Et le meilleur moyen pour vous donner cette autorisation, c'est de comprendre réellement l'importance, la nécessité, l'obligation même de prendre du temps pour vous. Lorsque vous comprendrez et que vous serez intimement persuadé que ce temps-là est nécessaire et tout aussi important que les autres temps, il vous sera plus facile de bloquer ce temps dans votre agenda et surtout d'en profiter sereinement.

2. Odile Jacob, 2013.

À vous ! Êtes-vous capable de prendre du temps pour vous sans culpabiliser ?

Si prendre du temps pour vous est difficile, et pas uniquement pour une question de disponibilité dans votre agenda, si vous peinez à profiter sereinement du temps que vous vous accordez, choisissez sciemment de profiter de quelques minutes pour répondre à ces questions :

- Est-ce que, dans mon quotidien, j'arrive à prendre du temps pour moi ? Ai-je l'impression d'en prendre suffisamment ? Si la réponse est non, qu'est-ce qui, selon moi, m'en empêche ? Quels sont mes « freins » ?

- S'il m'arrive de prendre du temps pour moi de temps en temps, est-ce que je profite complètement de ce moment ou est-ce que j'ai tendance à culpabiliser ? Pourquoi, à mon avis ? Qui ai-je l'impression de pénaliser ?

- Avoir davantage de temps pour soi, c'est bien, mais pour quoi faire ?

- À quoi / à qui ai-je envie de consacrer ce temps pour moi ?

- Qu'est-ce que j'aurais envie de faire (ou qu'est-ce que j'aimerais faire) que je n'ai plus le temps de faire aujourd'hui ?

Une culpabilité énergivore : et si je mettais cette énergie au profit de l'action ?

Rappelez-vous la loi d'Emmet, citée au début de cet ouvrage : « On dépense davantage de temps et d'énergie en vivant dans la crainte d'une tâche à accomplir qu'en l'accomplissant tout bonnement. »

Cette affirmation est d'une justesse absolue. Qui n'a jamais été épuisé au moins une fois à force de porter le poids de son obligation et de « penser » son action sans jamais passer à l'action ?

Passer son temps à procrastiner est hautement énergivore ! Bien plus énergivore que si nous avions choisi d'accomplir nos obligations !

Car se sentir coupable mobilise énormément d'attention et d'énergie. Remettre constamment au lendemain puis culpabiliser de remettre au lendemain entraînent une forte mobilisation d'énergie qui génère tension, angoisse, fatigue, perte de concentration, tendance à « ruminer » sa faute.

→ Et si vous mettiez cette énergie mal employée au profit de votre mise en mouvement ?

Je me débarrasse de mes fardeaux

Lorsque nous procrastinons, nous subissons une double peine : non seulement nous n'accomplissons pas notre tâche (viendra tôt ou tard le moment de l'accomplir), mais nous portons désormais le poids de notre culpabilité !

La culpabilité est utile si elle nous amène à changer de comportement, mais cela se produit trop peu souvent et nous nous retrouvons alors avec un fardeau inutile à porter.

Un fardeau qui ne nous quitte plus d'une semelle et qui nous accompagne où que nous allions et quoi que nous fassions !

Le fardeau est là, jamais loin, nous le sentons, nous essayons d'ignorer sa présence mais il se rappelle à nous, inlassablement, jusqu'à ce que nous ayons réussi à nous en libérer.

Nous y parviendrons uniquement en nous acquittant de la dette que nous avons contractée auprès de notre « bourreau », et pour lequel nous ressentons un encombrant sentiment de redevabilité.

C'est-à-dire en passant à l'action, ou en renonçant sciemment, une fois pour toutes et si possible en y mettant les formes, à tenir notre engagement (par exemple en annulant « à temps », avant que ce soit trop tard pour notre créditeur ou que cela le pénalise fortement).

Or, comme nous l'avons souligné un peu plus haut, plus nous procrastinons, plus nous culpabilisons, et plus nous culpabilisons, plus nous procrastinons. Un cercle vicieux d'émotions négatives qui nous enferme dans le statu quo et nous empêche d'assumer la responsabilité de notre inaction jusqu'au bout.

Ne vaut-il pas mieux dans certaines circonstances accepter de renoncer plutôt que de botter en touche pour la énième fois ?

Attention enfin, une fois libéré de son fardeau, de ne pas contracter de nouvelles dettes en évitant de s'engager trop rapidement dans de nouveaux et ambitieux projets.

Veillez, pour pacifier votre rapport à l'action, à donner de la valeur à chacun de vos engagements. Vous y parviendrez en respectant ces trois principes de bon sens :
- ne pas promettre à tout va ;
- ne jamais s'engager du premier coup ;
- se donner un temps de réflexion suffisant permettant d'estimer, la tête froide, le coût réel de notre engagement.

J'accueille ma culpabilité

La culpabilité, quand elle n'est pas excessive, est un signe de bonne santé. Il s'agit d'un comportement naturel et humain. Dans tous les cas, elle nous informe qu'un besoin n'est pas satisfait et nous invite, si nous prenons le temps de l'accueillir, à tendre vers plus de liberté.

La reconnaître et l'accepter est la première étape pour s'en libérer.
- Identifiez de quoi précisément, en temporisant cette tâche, vous vous sentez « coupable ».
- Adoptez une attitude plus réaliste quant aux contours de votre responsabilité : faites la part réelle de vos responsabilités.
- Quel est selon vous, enfin, le besoin non satisfait qui se cache derrière cette culpabilité ? Osez reconnaître vos désirs et vos besoins !

Je suis plus doux envers moi-même

Le sentiment de culpabilité découle souvent d'une perception rigide de nous-mêmes et de nos comportements, comme dans le cas du perfectionnisme. En abaissant le niveau de nos exigences disproportionnées, comme nous l'avons vu précédemment, on réaffirme l'importance, si ce n'est la nécessité de s'aimer inconditionnellement, quoi que l'on fasse, ou quoi que l'on ne fasse pas.

L'acceptation inconditionnelle de soi, facilitée par l'autocompassion, nous apaise et nous aide à vivre plus sereinement, avec douceur et compréhension, notre propre vulnérabilité.

« On fait ce que l'on peut » est une phrase que je dis souvent à mes stagiaires et qui me permet, à moi aussi, de mieux vivre mes propres failles et de m'accepter telle que je suis, avec mes qualités bien sûr (oui, j'en ai quelques-unes !), mais également avec mes défauts et mes insuffisances (j'en ai un certain nombre aussi !), et ce dans chacun des rôles que j'assume au quotidien. À commencer par mon rôle de parent et d'éducateur, rôle dans lequel il est Ô combien facile de basculer dans la culpabilité.

Prônant la non-violence vis-à-vis de soi-même, Christophe Carré, dans son livre *Bienveillant avec soi-même. Pouvoir compter sur soi*[3] explique que se juger avec intransigeance, déplorer de ne pas être assez ceci ou cela, réprimer ses émotions et ses besoins profonds de peur de déplaire ou encore être dans le contrôle permanent sont autant de petits faits de maltraitance à l'égard de soi-même. S'infliger cette violence brise l'élan vital, elle empêche de devenir qui l'on est vraiment et représente la première cause de conflits dans les relations.

« Renouons avec notre vraie nature. Accordons-nous la liberté d'être ce que nous sommes et vivons paisiblement avec cela, reconnaissons nos émotions, nos peurs et nos besoins. Accueillons nos conflits et nos échecs personnels avec acuité, sans en faire des drames. Sachons accepter nos propres limites et dénicher nos contradictions ; cela peut paraître paradoxal, mais ces capacités personnelles sont des richesses et non des freins. »

---

3. Eyrolles, 2015.

Je fais le choix de la bienveillance envers moi-même

✔ Prenez un moment, au cours de cette journée, pour vous interroger sur la qualité de l'attention que vous vous portez. Cette attention à soi peut s'exprimer de différentes manières : dans un petit mot d'auto-encouragement, dans l'accueil et la prise en compte de votre ressenti de fatigue, dans cette petite pause que vous vous offrez à la terrasse d'un café pour profiter simplement du temps qui passe…

✔ Quand avez-vous pris délibérément soin de vous pour la dernière fois ?

✔ Que pourriez-vous faire aujourd'hui, concrètement, pour accomplir un petit pas de bienveillance envers vous-même ?

JOUR 6

Je carbure à l'urgence mais je me soigne !

Je fais tout au dernier moment

Il y a ceux qui anticipent, prévoient de la marge… et les autres. Ceux qui ne fonctionnent que dans l'urgence.

Faites-vous partie de ceux qui, mis au pied du mur, s'y mettent toujours à la dernière minute et qui se lancent dans *THE* opération commando digne de l'Agence Tous Risques pour faire en trois jours ce qu'ils auraient pu faire en plusieurs semaines : « Bon, plus le choix, cette fois, je m'y mets ! Je prends le taureau par les cornes, je mets les bouchées doubles, je coupe mon téléphone, désactive mes notifications et je me fais couler trois ou quatre cafés bien forts car aujourd'hui, c'est sûr, je vais passer la soirée et la nuit à bosser… »

A priori oui, puisque les procrastinateurs, que la perspective de nuits blanches à bosser n'effraie pas, sont passés maîtres dans l'art de tout faire au dernier moment !

Si vous aussi êtes accro à la caféine et aux nuits blanches, si vous êtes de ceux qui font la queue devant le bureau de poste pour poster la déclaration des revenus avant minuit, « cachet de la poste faisant foi », rassurez-vous, vous n'êtes pas tout seul.

Selon un sondage OpinionWay et ComprendreChoisir[1], près de quatre contribuables sur dix (39 %) attendent les derniers jours pour envoyer

1. Pluyette Cyrille, *La déclaration d'impôt donne envie de quitter le pays à près d'un Français sur deux*, www.lefigaro.fr, mai 2015.

leur déclaration papier d'impôt sur le revenu. L'exercice est une réelle source d'angoisse pour de nombreux foyers. L'étude relevait même une envie de quitter le pays pour près de 47 % de Français (1 Français sur 2 tout de même) à cause de ce moment désagréable.

L'urgence me stimule

« Je travaille mieux sous pression ». Combien de fois ai-je entendu cette phrase qui m'a toujours laissée un peu dubitative…

Au-delà de la peur de la sanction, ce type d'affirmation peut davantage révéler un excès de confiance en soi (« Je suis trop fort ! »), voire un sentiment de toute-puissance qui à mon sens fonctionne durant un temps, mais certainement pas sur la durée.

Pierre, par exemple, est ainsi convaincu d'avoir un réel talent lui permettant de tout faire à la dernière minute !

Comme Pierre, nous nous y mettons lorsque nous n'avons plus le choix.

N'oublions pas que travailler dans l'urgence, bien que hautement énergivore et épuisant pour l'organisme, est d'abord valorisant. Avoir l'air débordé, courant d'une réunion à l'autre, jonglant entre notre téléphone, notre smartphone et la messagerie, une pile de dossiers bien épais en main, est, à l'ère de l'urgence, considéré comme un avantage social qui nous rend important aux yeux des autres.

Mais travaille-t-on véritablement mieux sous pression ?

Le témoignage d'une « Chocoladdict »

Dans deux jours, je suis censée rendre mon rapport de stage. Je viens de passer une bonne partie du week-end dessus et s'il est en grande partie rédigé, il y a encore bien des points à peaufiner, vérifier. Je me mettrais bien quelques coups de pied aux fesses, si j'étais assez souple, pour avoir attendu le dernier moment. Impossible de travailler autrement que dans l'urgence, comme si j'avais …/…

besoin d'avoir un couteau sous la gorge pour m'y mettre une bonne fois pour toutes, comme si sans cette adrénaline mâtinée de stress j'étais dans l'incapacité totale d'avancer. Il suffit que je sache que j'ai encore du temps devant moi, un délai pour que je remette à plus tard.

Cette sale manie ne date pas d'hier. Je me souviens du bourrage de crâne les quelques jours avant le bac plutôt que de commencer à revoir les cours bien en amont. Je me souviens des exposés à Sciences Po que je bûchais avec un autre procrastinateur en puissance presque la veille, nous occasionnant au passage quelques frayeurs et plusieurs nuits quasi blanches. Au final, on a eu des résultats plutôt bons.

J'ai beau savoir que travailler ainsi n'est pas confortable, que je vais attraper au passage quelques poussées d'angoisse, je n'arrive pas à planifier. Mon manque de motivation pour ce genre de travail scolaire doit y être pour quelque chose mais ce n'est pas une excuse.

Tiens, là, tout de suite, je devrais continuer à revoir ma copie, écrire cette transition et cette conclusion qui manquent mais je suis là à bloguer en pensant qu'il me reste encore deux soirées, une fois que les enfants seront couchés… Incorrigible.

Blog Chroniques d'une « Chocoladdict » : www.chocoladdict.fr

Je suis accro à l'adrénaline !

En anglais, le terme *adrenaline junkie*, littéralement « accro à l'adrénaline », est très largement utilisé pour désigner les amateurs de sensations fortes. Généralement, nous trouvons ces mordus du danger avec un parachute sur le dos, prêts à sauter d'une falaise, ou dans une voiture de sport, testant les limites de leur bolide. Mais en fait, la montée d'adrénaline peut survenir à partir de n'importe quelle situation où le danger est plus important qu'en temps normal.

À rendre dans 10 minutes ?
Je gère !
J'♡ MON JOB

C'est exactement ce que font les « retardataires chroniques » en attendant la toute dernière minute pour passer à l'action : ils se mettent en danger de ne pas réussir à « livrer » à temps et se lancent le défi d'y parvenir ! « Si je réussis, je suis trop fort ! »

Leur attitude *borderline* leur procure une dose non négligeable d'adrénaline et de frisson qui peut finir par les rendre dépendants à l'urgence.

« Ces individus ont un mode de fonctionnement au travail qui les met toujours dans un état de stress intense. Ils ne sont pas friands de méthodes de gestion du stress, car apprendre à organiser leur temps ou leurs émotions, c'est diminuer le stress dont ils ont fait un moteur. Sans stimulation, sans défi, sans conflit, et toutes autres situations de stress suscitant la production d'adrénaline, ils perdent toute motivation. Ils préfèrent se retrouver dans des situations de pression qui correspondent non pas tant à leur personnalité qu'à leur besoin de se « doper » à l'adrénaline[2]. »

L'adrénaline, également appelée « hormone épinéphrine » (souvenez-vous de la grosse piqûre plantée d'un coup sec dans le cœur d'un patient en arrêt cardiaque pour le réanimer dans la série *Urgences* !) est une hormone naturelle qui va augmenter nos capacités afin de nous rendre plus puissants physiquement et mentalement dans une réaction de fuite ou de combat face à un stress. On l'appelle d'ailleurs aussi l'hormone aux trois « F » (*Fear, Fight or Flight*).

L'hormone, fabriquée par nos glandes surrénales, provoque une augmentation de la fréquence cardiaque, de la force musculaire, de la pression sanguine et l'« éclatement » des sucres pour libérer de l'énergie. Ces injections d'adrénaline dans la circulation sanguine sont appelées des « bouffées d'adrénaline ».

Un effet qui peut durer plusieurs heures et peut rapidement nous rendre dépendants…

C'est cette même dépendance que l'on retrouve chez les accros à la course à pied et à la performance sportive en général.

Certes, carburer à l'adrénaline procure des sensations fortes mais les effets néfastes dépassent de loin les avantages.

2. Patrick Légeron, *Le stress au travail*, Odile Jacob, 2015.

En effet, un rythme de vie effréné donne l'impression de pouvoir accomplir plus. Malheureusement, l'adrénaline détruit la capacité naturelle du corps à performer sur le long terme.

Travailler sous pression : quand les *deadlines* m'inhibent

À côté de ceux qui carburent à l'urgence, il y a ceux qui au contraire sont paralysés par les dates butoir. Davantage lié à un stress de la performance et à une crainte de l'échec, ce temporisateur voit la *deadline* comme une épée de Damoclès, sous la menace constante d'un couperet pouvant s'abattre sur lui à tout moment…

À l'heure en effet où l'on nous demande d'être performant dans tous les domaines, où il faut être rapide et efficace pour garder son job, rien de plus angoissant que les dates butoir.

D'ailleurs, dans *deadline*, il y a *dead*, qui signifie mort… Résultat : c'est la paralysie ! Le temps file, et à force de remettre à plus tard, de se « bricoler » des excuses en attendant le déclic, on est rongé par l'anxiété et on se retrouve pris dans une spirale de l'échec.

Si la pression des *deadlines* vous guette, interrogez-vous :

→ Est-ce la pression qui vous bloque ? Ou le peu d'intérêt que vous portez à ce que vous devez faire ?

Le syndrome de la fausse urgence

Selon une étude en ligne réalisée par le cabinet Sciforma et Zebaz, le travail quotidien des Français est de plus en plus dominé par l'urgence. 89 % des personnes interrogées déclarent avoir le sentiment de travailler dans l'urgence.

Ce chiffre est d'autant plus étonnant que seulement 26 % des tâches qu'ils réalisent sont jugées comme réellement urgentes : l'étude touche du doigt un problème central, le décalage entre les vraies urgences et la pression de l'urgence induite par des modes d'organisation défaillants et une gestion uniquement à court terme des entreprises. La pression de l'urgence émane le plus souvent d'un client (34 %), mais seulement 16 % des tâches risquent de poser problème si elles ne sont pas menées à terme dans l'immédiat. On peut donc affirmer qu'il existe de vraies et de « fausses » urgences.

Un fort impact sur la vie personnelle

Les Français travaillent et vivent dans l'urgence. Ils le déplorent. Si les deux tiers (67 %) disent travailler souvent dans l'urgence, c'est une situation permanente pour plus de 22 %. Plus grave, 95 % d'entre eux estiment que ces urgences professionnelles, réelles ou fabriquées, ont un impact direct sur leur vie personnelle. Par conséquent, il n'est pas anormal de découvrir que 60 % des Français se disent plus stressés aujourd'hui qu'il y a cinq ans et 70 % qu'il y a dix ans.

À vous ! Êtes-vous capable de faire face aux TTU sans perdre pied ?

Comment réagir face aux très nombreux TTU (demandes « Très Très Urgentes ») qui nous empoisonnent l'existence au bureau et viennent contrecarrer les trois quarts de nos journées ?

- Vérifiez « à la source » si possible s'il s'agit d'une réelle urgence.
- Faites preuve de souplesse et lâchez-prise s'il semble s'agir d'une réelle urgence (cela vous évitera de gaspiller de l'énergie inutilement), n'en faites pas une affaire personnelle !
- À titre d'exemple : si vous êtes assistant(e) et que l'on vous demande, suite à un contretemps, d'annuler la réunion de demain matin, il convient d'arrêter ce que vous étiez en train de faire ou de reporter ce que vous aviez prévu de faire pour pouvoir contacter les quinze personnes qui devaient venir assister à la réunion dès 9 h (bon sens).
- Temporisez en testant un délai : passer du « il me le faut tout de suite » ou du fameux « j'en ai besoin pour hier » à un délai plus raisonnable pour soi (entrée en négociation).
- Si vous avez des difficultés à dire non, testez si besoin la technique du « oui mais » : une petite astuce qui fonctionne bien est d'accepter la commande mais en donnant un délai qui à coup sûr ne conviendra pas à votre interlocuteur : « OK, je pourrai te le faire mais pas avant demain après-midi. Ce sera trop tard pour toi ? Oh dommage ! »
- Clarifiez la « commande » pour être sûr de ce qui est concrètement attendu par le « commanditaire » : nous pouvons nous faire une fausse idée de ce qui est demandé et de la charge de travail que cela va représenter.

- Négociez enfin si nécessaire le contenu de la « commande » : s'il n'est pas possible de finir le travail demandé dans les temps, concentrez-vous sur l'essentiel et esquissez des solutions.

Un rapport au temps compliqué

Comme nous le verrons plus en détail au cours de la semaine 2, la pression ne vient pas uniquement « des autres ». Elle prend également racine dans notre difficulté à estimer notre véritable capacité de travail et le temps réel que nous prendra l'accomplissement de nos impératifs.

Trop d'engagements !

La personne se tend un piège à elle-même en acceptant plus d'engagements qu'elle ne pourra réellement en tenir. Elle pense toujours, dans une forme de schéma répétitif, qu'elle pourra en faire plus qu'elle ne pourra réellement, dans les faits, en faire. Elle se met donc elle-même, seule, dans des situations parfois très compliquées et intenables physiquement et nerveusement. Et même si après coup elle s'en rend compte et jure qu'elle ne se fera plus avoir à l'avenir (par elle-même, donc !), elle recommence peu de temps après ! Elle ne tire pas d'enseignement de ses erreurs. L'envie de performer, d'aller toujours plus vite et toujours plus haut, est trop forte. La tentation est trop grande.

Elle ressent le besoin constant d'être occupée, au point qu'elle en arrive à sauter d'une tâche à l'autre sans avoir tout fini. En conséquence, il arrive que ces personnes soient inefficaces puisque leur objectif est plus de s'occuper que d'être réellement productives.

On reconnaît facilement cette personne : elle est constamment débordée, sous pression, fatiguée, rognant sur ses heures de sommeil, toujours à la limite du surmenage, comme sur un fil. Elle peut basculer dans l'épuisement d'un jour à l'autre.

Les *workaholics,* ces bourreaux de travail qui ont développé une vraie dépendance au travail, en sont les meilleurs exemples.

Êtes-vous accro au travail ?

La notion de *workaholism*, littéralement « dépendance au travail », est vraisemblablement apparue aux États-Unis au début des années quatre-vingt.

En contractant les mots *work* et *alcohol*, ce nouveau mot établit un parallèle entre la dépendance au travail et la dépendance aux drogues.

Habituellement, les *workaholics* sont des personnes pour qui la carrière passe avant leur vie familiale, voire leur santé. Ils passent le plus clair de leur temps à travailler, et ne peuvent pas s'arrêter. Nos « bourreaux du travail » occupent généralement des postes à responsabilités, mais ce n'est pas toujours le cas. Aux États-Unis, on estime qu'ils représentent environ 5 % de la population active.

Tant que leur santé et leur famille tiennent le coup, les *workaholics* ne se plaignent pas de leur dépendance et en sont plutôt heureux. La dépendance au travail apparaît certes comme une « addiction respectable », comme l'addiction au sport par exemple. Ils éprouvent donc un réel plaisir à se consacrer entièrement à leur travail, à relever des *challenges* en étant force de proposition. Ils sont stimulés intellectuellement, et leurs compétences sont autant de fiertés.

En revanche, en dehors du travail, il leur est très difficile de trouver du plaisir. Le temps libre, les week-ends, les congés sont autant de sources d'insatisfaction qu'ils finissent souvent par remplir en bossant des heures sup'. Évidemment, la vie familiale en souffre. Les accrocs prennent également des risques avec leur santé, notamment à cause du fort niveau de stress, et du repos insuffisant.

Par ailleurs, les drogués du travail ne bossent souvent qu'avec un niveau de stress élevé, qui en lui-même devient une drogue.

Le risque, à moyen terme, est de sombrer dans le *burn-out*, épuisement professionnel qui touche de plus en plus de Français.

Le premier pas pour sortir de l'hyperactivité au travail est la reconnaissance du problème. Admettre que nous sommes accros, est le premier geste, absolument nécessaire.

Ensuite, tout simplement : l'abstinence. Or, comme pour toute drogue, il est très difficile de faire abstinence tout de suite. En témoigne la réelle difficulté des gens à ralentir au quotidien. Nous y reviendrons au cours de la semaine 3.

Veillez avant tout à accepter des échéances réalistes ! Apprenez à connaître vos limites et devenez plus raisonnable en acceptant des échéances que vous pourrez réellement tenir, sans vous épuiser !

Je fais le point sur mon sentiment d'être débordé(e)

Pour ce rituel du premier pas, je vous invite à répondre spontanément aux questions suivantes :

- Est-ce qu'il m'arrive parfois de me sentir débordé(e) ? À quelle fréquence ?
- Dans quelles circonstances précisément ? Quelles sont les situations, les événements, les comportements qui contribuent à nourrir mon sentiment d'être débordé(e) ?
- Comment cela se manifeste-t-il chez moi ? Quels signes puis-je concrètement repérer ou identifier et qui me permettront de réagir rapidement ?
- À mon avis, pour quelles raisons, finalement, je me sens parfois ou souvent débordé(e) ? (Je me sens débordé[e], parce que...).
- Que pourrais-je concrètement mettre en place, dès aujourd'hui, pour anticiper et prévenir ce type de situations et éviter que je me sente débordé(e) ?

Pour aller plus loin

- Schiappa Marlène, *J'arrête de m'épuiser*, Eyrolles, 2015.

JOUR 7
Je deviens mon propre coach !

Je m'auto-motive

Histoire de terminer cette première semaine en beauté et de manière positive, il sera question pour cette septième journée, de motivation et de coaching. Car comme vous l'imaginez, votre motivation est la clé qui vous permettra de passer à l'action et d'aller au bout de vos projets.

La motivation : le moteur qui vous permet d'avancer

Le terme « motivation » vient du latin *movere*, qui signifie « mouvoir », « se déplacer », étymologie qui confirme sa vertu première : début et source de tout mouvement.

Movere a également donné naissance à un autre mot : « moteur ».

La motivation est donc ce qui nous pousse à agir, à faire les efforts nécessaires pour accomplir une tâche, une mission.

→ Et vous, quel est votre moteur ? Qu'est-ce qui vous fait avancer ?

Philippe Coste, dans son livre *Osez créer votre entreprise*[1], nous donne sa définition personnelle du moteur : « Un moteur, quel que soit son type, fonctionne toujours sur l'interaction entre deux principes opposés. L'exemple le plus évident est celui du moteur électrique, ou même de la lumière : il faut un pôle négatif et un pôle positif. Si l'un d'eux vient à manquer, cela ne marche plus. La rencontre entre les deux provoque l'étincelle et dégage de l'énergie. »

1. Eyrolles, 2011.

Des pôles positifs et négatifs

Imaginions un instant que vous rêviez précisément de créer votre entreprise.

Un « pôle », dans cet exemple, est un ensemble d'intérêts que l'entrepreneur a de créer son entreprise.

- Le pôle positif est constitué par les intérêts orientés vers l'extérieur, c'est-à-dire vos clients et votre marché. Autrement dit, « je crée une entreprise parce que je veux ou je vais apporter quelque chose à mes clients et à mon marché ».
- Le pôle négatif de votre moteur est composé des raisons tournées vers vous-même, purement personnelles. Autrement dit, « je crée une entreprise parce que je veux telle ou telle chose pour moi ».

Il importe donc, avant de vous lancer dans la création de votre entreprise, de bien cerner ce que vous attendez concrètement de ce projet et de déterminer vos pôles négatifs et vos pôles positifs.

Motivation extrinsèque ou intrinsèque ?

Une motivation intrinsèque vient de l'intérieur, comme le fait de faire une activité pour le simple plaisir qu'elle procure. Plus notre motivation est élevée et intrinsèque, plus elle nous permettra de dépasser les contraintes rencontrées à coup sûr sur le chemin qui mène à l'atteinte de nos objectifs.

D'où l'intérêt évident de poursuivre des buts qui ont du sens pour nous !

Une motivation extrinsèque provient quant à elle de l'extérieur. Elle nous est souvent imposée par les autres, notre hiérarchie, la direction, le service dans lequel on travaille, mais également de l'administration qui nous impose des délais et des échéances à respecter. Ce sont ces fameuses obligations dont nous devons nous acquitter et pour lesquels il n'est pas évident de mobiliser notre précieuse énergie.

Difficile en effet de trouver la motivation nécessaire pour se jeter à corps perdu dans le renouvellement de son AAH (Allocation Adulte Handicapé) ou dans la constitution de son dossier de retraite !

Il est bon néanmoins de savoir que nous pouvons transformer nos motivations extrinsèques en motivations intrinsèques en cherchant un ou plusieurs intérêts personnels derrière un projet qui ne nous motive guère, par exemple :

- en faisant de cet objectif imposé par l'extérieur un défi personnel, si possible ludique, à relever, le fameux « Cap ou pas cap ? » : « Suis-je capable de boucler ce dossier en moins d'une heure ?
- en attisant notre curiosité et en cherchant à approfondir le sujet, tant qu'à faire, autant développer nos connaissances ! On en revient au seul plaisir d'apprendre.

Je passe à l'action quand le bénéfice est supérieur au coût

Nous passons à l'action quand l'envie devient plus forte que la contrainte générée par la tâche en question.

D'une manière ou d'une autre, si vous choisissez de procrastiner au lieu de passer à l'action, c'est que vous procédez à une analyse des bénéfices et des coûts (avantages et inconvénients à agir) qui penche en faveur de l'inaction.

Le coût, ou l'inconvénient à agir, est supérieur au bénéfice, c'est-à-dire à l'avantage à agir.

Dans la balance, entrent également en ligne de compte vos avantages comme vos inconvénients à procrastiner, comme l'explique le Dr Bruno Koetz dans *Comment ne pas tout remettre au lendemain*[2].

Donc si vous continuez à procrastiner, c'est qu'il y a pour vous plus d'inconvénients à agir que d'avantages.

2. Odile Jacob, 2006.

À vous ! Quels sont, pour vous, les coûts et les bénéfices à passer à l'action... et à procrastiner ?

Voici un tableau simplifié qui vous permettra de procéder à une analyse en bonne et due forme de vos coûts et bénéfices, tant à passer à l'action qu'à procrastiner.

Reproduisez-le et remplissez-le en identifiant une tâche en rapport avec votre projet.

Imaginons que votre projet qui vous fait vibrer et que vous portez en vous depuis des mois, voire des années, est de vous reconvertir professionnellement. Pour y parvenir, vous avez identifié qu'un bilan de compétences pourrait être une première étape tout à fait acceptable. Mais rien n'y fait, comme vous ne savez pas exactement quoi faire pour en bénéficier, voici des mois que vous bottez en touche. Utilisez ce tableau pour identifier très concrètement les coûts et bénéfices, pour vous, à passer à l'action.

Mon projet	Avantages (bénéfices)	Inconvénients (coûts)
Je procrastine	Je note ici les avantages à procrastiner	Je note ici les inconvénients à procrastiner
Je passe à l'action	Je note ici les avantages à passer à l'action	Je note ici les inconvénients à passer à l'action

Une fois votre tableau rempli, faites-en l'analyse en toute objectivité.

- De quel côté la balance penche-t-elle le plus ? En faveur de la procrastination ou en faveur du passage à l'action ?

Si la balance penche du côté de la procrastination, interrogez-vous en toute conscience :

- Est-ce le bon moment pour agir ? Cette question du bon timing est essentielle et nous y reviendrons au cours de la semaine 3.

....

....

- Êtes-vous suffisamment motivé(e) par la réalisation de ce projet ?

....

....

- En avez-vous vraiment envie ?

....

....

Je m'entoure d'une équipe de choc !

Savoir s'entourer

Quelle que soit la nature de votre projet, se lancer dans la poursuite d'un nouvel objectif ne signifie pas devoir tout faire tout seul, bien au contraire.

Il est important, pour ne pas dire fondamental, que vous vous entouriez des bonnes personnes et que vous construisiez, autour de votre projet/activité/objectif/travail, une véritable équipe de choc !

Reprenons l'exemple de la reconversion professionnelle. Si votre projet, à ce stade, concerne la création d'une nouvelle activité professionnelle, cette équipe devra être constituée à la fois de spécialistes dans des domaines cruciaux ET dans lequel vous n'excellez pas (compta, droit de la propriété intellectuelle, communication, etc.) et de supporters qui croient en votre projet et qui vous soutiennent, dans vos bons moments mais aussi dans vos moments difficiles.

Prenez le temps qu'il vous faudra pour constituer votre équipe. C'est vers elle que vous vous retournez chaque fois que vous buterez sur un problème, ou que vous rencontrerez une baisse de moral, de régime, de motivation. Son importance est donc capitale et la confiance que vous lui accorderez sera proportionnelle au(x) bénéfice(s) que vous en retirerez.

Entretenez votre réseau !

Nous avons tous un réseau. Amis, connaissances, collègues, clients, partenaires, prestataires, prospects, contacts, etc.

Mais ce que nous oublions parfois, dans notre course à la création ou au développement de nos projets, ou dans le rythme effréné de nos journées, c'est de l'entretenir.

Et pourtant, un réseau, certes, ça se développe mais aussi et surtout, ça s'entretient, et ce dans la durée, sur le long terme !

Faites le point sur qui aimeriez-vous voir ou revoir dans les prochaines semaines.

→ Votre réseau vous correspond-il toujours autant ?

→ Conservez-vous les mêmes appétences, les mêmes affinités avec ces mêmes personnes que vous fréquentiez alors et qui vous nourrissaient tant ?

Osez les réseaux professionnels

Les réseaux professionnels sont par essence même les lieux où vous pourrez échanger, participer, confronter, nourrir votre point de vue avec celui de vos pairs.

Il convient de bien le(s) choisir et de trouver celui ou ceux qui vous correspondront le mieux. Attention toutefois à ne pas les multiplier car les réseaux professionnels peuvent être chronophages, en particulier si on choisit de s'impliquer activement, d'une manière ou d'une autre, dans leur organisation.

- Demandez-vous en amont ce que vous recherchez précisément avant de vous engager : des échanges ou des prospects et clients potentiels ? Des conseils pour vous structurer ? Pour mieux communiquer ? Pour développer votre activité ?

- Déterminez enfin, en amont toujours, ce que vous pourrez apporter et donner à ce réseau : Quelle part de votre temps vous pourrez y consacrer ? Quelles compétences vous pourrez fournir ? Quelles relations vous pourrez apporter ?

Et si vous faisiez appel à un coach ?

Il est aussi possible qu'à certains stades de l'avancement de votre projet, vous ayez besoin de faire appel à un coach (professionnel ou personnel).

Le coaching permet à la personne qui en bénéficie de prendre du recul sur sa problématique, de lever un blocage, d'enrichir sa perception en l'envisageant sous des angles différents. Forte de cette prise de conscience, elle développe sa confiance dans sa capacité à réussir, et élargit le spectre de ses choix possibles.

Parfois, quelques séances peuvent suffire.

À défaut de coach, vous pouvez aussi vous tourner vers le mentorat et trouver votre propre mentor.

Un mentor est une personne, généralement plus âgée que vous, qui accepte de mettre son expérience au service de votre projet et de vous coacher gratuitement.

Mettez en place un co-coaching !

Vous pouvez aussi opter pour une alternative toute aussi stimulante, voire plus : le *co-coaching*.

Le co-coaching, que j'appelle également l'art de trouver des solutions ensemble, fonctionne à plein régime dans mes ateliers (en présentiel comme en ligne).

Comment se mettre à l'écoute de la problématique de l'autre et trouver, ensemble, des solutions que l'on n'aurait pas imaginées seul et des pistes concrètes d'action ?

Le co-coaching nous permet de renouer avec un besoin de solidarité et d'entraide que nous avons tous très ancré en nous et qui nous fait parfois défaut au quotidien (société individualiste, auto-centrée, repli sur soi, peur de l'autre, etc.). Solidarité, entraide, soutien, tout ceci contribue à créer du lien et à donner du sens à nos actions. Comme mes stagiaires le disent souvent, « on se sent moins seuls » !

J'ARRÊTE DE PROCRASTINER !

Sachez qu'il vous est possible aussi de mettre en place votre propre co-coaching, avec un ou une amie par exemple, à condition qu'il/elle partage la même dynamique que vous. Le principe fonctionne aussi très bien avec un groupe d'amis.

Ces groupes de co-coaching sont également connus sous le nom de groupes *Mastermind.*

À vous ! Et si vous posiez les bases de votre équipe de choc ?

- Commencez par lister les personnes qui jouent déjà ce rôle dans votre vie aujourd'hui, et idéalement dans le cadre de votre projet (tant les spécialistes que les supporters).

- Demandez-vous à ce stade ce qui vous fait le plus défaut et les domaines dans lesquels vous auriez le plus besoin d'être entouré(e).

- Faites le tour de votre réseau (y compris virtuel) pour qu'on vous recommande, le cas échéant, quelques noms. N'hésitez pas à les rencontrer, à exposer votre projet, jusqu'à ce que vous trouviez la personne qu'il vous faut et avec laquelle vous vous sentez à l'aise (c'est aussi valable, par exemple, pour son comptable !).

Je mets en place un co-coaching

Nous avons vu, plus haut, tout l'intérêt de mettre en place un co-coaching. Et si vous expérimentiez à votre tour, si vous ne l'avez encore jamais tenté, le co-coaching pour soutenir votre projet et nourrir votre motivation ? Le principe est simple :

✔ Choisir une ou plusieurs personnes de confiance, et qui partage(nt) si possible, un intérêt commun avec vous : celui, par exemple, d'être entrepreneur(se) et de vouloir développer son activité, ou encore celui de vouloir atteindre un objectif particulier, comme vouloir mieux concilier « vie pro » et « vie perso », ou vivre de l'activité de ses rêves.

✔ Poser les bases de ce groupe ou de ce duo de co-coaching en fixant un cadre à vos rencontres (où ? quand ? combien de temps ? avec quelles règles ?).

✔ Programmer la première rencontre.

✔ Prolonger si besoin le co-coaching à distance, sous les formes de votre choix (groupe Facebook®, rencontres Skype®, soutien par mail, rendez-vous téléphoniques bimensuels, etc.).

Pour aller plus loin

- Gagliardi Emmanuelle et Michelon Carole, *Réseaux au féminin. Guide pratique pour booster sa carrière* (Connecting Women, L/ONTOP), Eyrolles, 2013.
- Quelques ressources :
  - Picut Gaëlle, *Les réseaux féminins, pourquoi en faire partie ?* www.en-aparte.com
  - L'article sur mon blog : « Il était une fois les Mompreneurs ! », www.zen-et-organisee.com
  - Liens France : www.reseau-mampreneurs.com ; Belgique : www.mompreneurs.be
  - Pensez également, enfin, au Webmentoring (sur www.womentomorrow.fr par exemple).

1 2 3 4 5 6 JOUR 7 8 9 10 11 12 13 14 15 16 17 18 19 20 21

MAI
lundi
mardi
mercredi
jeudi
vendredi
samedi
dimanche
1
RANGER LE GARAGE
2
RÉSERVER VOITURE POUR VACANCES
3
5
RDV DRH
TRIER MES VIEILLES CHAUSSURES
6
9
RÉCOMPENSE : SHOPPING !
10
11
PRENDRE RDV DENTISTE
12
13
Réunion lancement Projet
17
VÉTO : VACCIN Toffy
18
19
RÉUNION TÉLÉPHONIQUE
20
23
24
26
27

SEMAINE 2

Je prépare le terrain

J'ARRÊTE DE PROCRASTINER !

JOUR 8

J'allège mon sac à dos et je fais la chasse au « TROP » !

TROP. Trop de tout. Trop de possibilités. Trop de sollicitations. Trop de choses à faire. Trop de choix dans les rayons. Trop de choses dans nos maisons. Trop d'informations à lire. Le trop est partout. Il envahit tout, nos espaces, de vie, de travail, notre agenda, nos ordinateurs, nos messageries. Il encombre nos vies, il sature notre cerveau, il nous écrase.

J'en fais le constat chaque jour à travers mon activité : on traîne le poids de nos vies encombrées, comme un boulet au pied qui nous freine et nous empêche d'avancer.

L'encombrement sape notre énergie, massacre notre créativité et ralentit notre action.

A contrario, désencombrer et alléger sa vie libèrent. Et pas seulement au niveau de l'espace !

Toute démarche d'allégement, aussi minime soit-elle (et je suis sûre que vous en avez déjà fait l'expérience), libère une énergie nouvelle que l'on peut immédiatement mettre à profit pour écrire une nouvelle page de sa vie. Celle de son choix.

Ainsi, miraculeusement, quand on parvient à faire place nette chez soi, on se découvre soudain, presque « comme par magie », enfin disponible pour ce projet qu'on avait mis de côté « dans un tiroir » mais qui pourtant nous tient à cœur, prêt comme jamais à s'ouvrir davantage aux autres ou encore à s'engager dans une nouvelle relation.

Je fais le tri entre l'essentiel et l'accessoire

> « Les gens heureux sont ceux qui privilégient l'essentiel par rapport à l'accessoire, l'être à l'avoir, l'utile à l'agréable, le durable à l'éphémère, le suffisant au trop, le nécessaire au superflu, en fait les besoins aux désirs. »
>
> **Robert Blondin**[1]

Nous sommes globalement tous conscients, à des degrés divers, de la nécessité de faire le tri entre l'essentiel et l'accessoire et de se recentrer sur ce qui compte pour soi.

Il en est d'ailleurs largement question dans la plupart de mes ateliers puisque cette question est au cœur de ma démarche.

Cependant, bien que nous sachions au plus profond de nous que ce tri est nécessaire, nous n'avons pas toujours les clés pour bien opérer. Manque de temps, manque de recul, fatigue, stress, tentations de toute nature, débordement (ou au contraire, manque) d'envies, l'exercice n'est pas toujours simple.

Avec cette huitième journée, nous touchons du doigt une contradiction propre à notre société d'aujourd'hui : nous rêvons tous d'avoir plus le choix, nous revendiquons notre droit à choisir et parallèlement, nous devons faire face à trop de choix, trop de possibilités, trop de possibles qui nous embrouillent et nous éloignent de notre essentiel.

Alors, que faire ?

Ma proposition n'est évidemment pas de renoncer à choisir, mais bien de choisir mieux. De choisir en conscience. Il en sera notamment question dans la journée suivante, durant laquelle je vous inviterai à clarifier et à définir vos priorités.

Mais avant d'en arriver là, regardons d'un peu plus près ce qui vous encombre.

T-R-O-P

Qu'est-ce que ces quatre lettres signifient pour vous ? Et en quoi vous concernent-elles spécifiquement ?

---

1. *Le bonheur possible*, Éditions de l'homme, 1983.

Je me suis penchée par curiosité sur sa définition dans le *Larousse*.

- Trop = « Plus qu'il n'en faut. Indique un excès, une limite dépassée. »

Intéressant, non ?

Et je suis également allée voir, sur ma lancée, la définition du verbe « encombrer » :

- Encombrer = « Surcharger un lieu, quelque chose, le remplir d'objets, de personnes… de telle sorte que son utilisation est rendue difficile, voire impossible. »

Il en va ainsi de notre intérieur comme de notre esprit.

Lorsque ce dernier est surchargé, de choses à faire ou à ne pas oublier, de gens à rappeler, de rendez-vous à prendre, ou encore d'émotions confuses, il dysfonctionne. Son utilisation, comme le souligne la définition, est rendue difficile, voire impossible.

Le sentiment d'encombrement, qu'il soit matériel ou psychique, paralyse littéralement l'action.

Ainsi, afin de faciliter le passage à l'action, il importe donc tout d'abord de faire le ménage, chez soi bien sûr, mais aussi en soi.

À vous ! Êtes-vous prêt(e) à vous délester de votre « sac à dos » ?

Vous croulez sous le « trop » ? Vous avez parfois le sentiment d'en « avoir plein le dos » ? C'est le moment d'aller voir d'un peu plus près ce qui vous pèse et vous empêche d'avancer…

1. Je liste TOUT ce qui m'encombre… Et quand je dis tout, c'est TOUT !
Vous allez prendre le temps, tout au long de cette journée, de noter sous forme de liste dans votre journal créatif, tout ce qui vous encombre, au sens propre comme au sens figuré.

Allez jusqu'au bout de votre réflexion et faites véritablement le tour de la question !

2. Je fais des regroupements
À partir de votre liste, regardez si vous pouvez faire des regroupements (des points qui se ressemblent, par exemple) et identifier des « familles » d'encombrants.

3. Je hiérarchise
Et enfin, tentez de hiérarchiser votre liste, en plaçant tout en haut de celle-ci, ce qui, selon vous, vous encombre le plus.

En faisant ce petit travail tout simple, vous ne le savez pas encore mais vous venez *déjà* de faire un grand pas. Vous venez d'amorcer un processus important qui va, en partie, se poursuivre tout seul.

Je simplifie ma vie

S'engager dans une démarche de simplification de sa vie ne se fait pas du jour au lendemain. C'est une démarche de long terme qui demande réflexion, patience et temps et qui dépasse largement le cadre même du désencombrement matériel.

Il s'agit bien d'une réflexion globale sur toutes les sphères de votre vie et sur la façon dont vous choisissez de vivre. C'est pour cela que je parle volontiers de philosophie de vie.

Il s'agit avant tout d'une démarche personnelle, individuelle, mais à laquelle vous pourrez également associer vos proches, ce qui vous permettra de transformer ce défi minimaliste en une aventure collective riche d'enseignements et une formidable occasion de partager du temps ensemble, tant avec votre conjoint qu'avec vos enfants !

Elle implique de savoir d'une part quels sont nos besoins ET nos priorités et d'identifier, d'alléger ou de supprimer tout ce qui relève du superflu, de l'inutile ou de l'accessoire.

Au-delà du tri que nous pouvons opérer dans nos multiples obligations ou dans notre agenda, une bonne façon d'initier une démarche de simplification est de commencer par le désencombrement, nécessaire, de notre intérieur.

J'ose dire nécessaire car en désencombrant, on réévalue aussi notre rapport aux choses, à toutes ces possessions qui nous possèdent, et donc par ricochet à notre façon de consommer.

→ Comment vous positionnez-vous par rapport à la consommation ?

→ Quel consommateur (consom'acteur ?) êtes-vous, ou choisissez-vous d'être ?

→ Quelles valeurs avez-vous envie de transmettre à vos enfants, le cas échéant, sur ce plan ?

Si votre objectif est de vivre dans un environnement simplifié, plus zen, plus épuré et plus fluide, le désencombrement est bien la toute première étape par laquelle vous devrez passer avant même d'envisager de mettre en place un rangement des pièces pérenne et facile à respecter.

Et si on y réfléchit bien, c'est plutôt logique. Comment mettre en œuvre un système de rangement efficace et viable si nos pièces débordent de bric-à-brac en tous genres ? Comment bien entretenir la maison (à plusieurs, bien sûr !) si les pièces ne sont pas préalablement correctement rangées ?

À vous ! Êtes-vous capable de vous accorder cinq minutes de silence par jour ?

Ne souhaitant pas *trop* rajouter à vos « obligations » de cette nouvelle semaine, je vous invite, à travers cet exercice tout simple mais puissant, à vous offrir chaque jour cinq minutes de pur silence. Ni plus, ni moins.

Il n'est pas encore question de pleine conscience ni de méditation mais simplement de trouver un petit moment chaque jour pour reposer votre mental.

Éteignez la télé, la radio, désactivez les notifications sonores de vos outils digitaux, mettez votre portable en silencieux (et non pas en mode vibreur). S'il ne vous est pas possible de vous isoler chez vous (pour cause d'« enfants bruyants » par exemple !), essayez de le faire à votre bureau, sur la pause déjeuner en veillant à transférer votre ligne pendant la durée de l'exercice et à fermer votre porte.

Regardez votre montre, programmez cinq minutes sur votre smartphone si vous le souhaitez et ne faites plus rien pendant cinq minutes. Ne cherchez pas à atteindre quoi que ce soit mais simplement à apprécier, si possible, cet instant de silence.

Et laissez faire.

Assez, c'est combien pour moi ?

Voilà une question bien difficile à laquelle nous avons du mal à répondre tant nous avons depuis longtemps, parfois depuis l'enfance, été nourris à la loi du « toujours plus ».

Il n'empêche… Je me demande souvent, quand je vois le nombre de personnes, hommes comme femmes, qui traversent leur vie sans la vivre, courant sans cesse contre le temps et dans une quête interminable de réussites, si ce « toujours plus » ne nous éloigne pas plus de nous-même qu'il nous en rapproche.

- → À quoi bon gagner toujours plus d'argent si nous n'avons pas le temps de le dépenser ou d'en profiter ?
- → Aurons-nous le courage de décliner cette promotion pourtant tentante (et si flatteuse pour notre ego) alors même que nous nous sentons si bien dans notre poste actuel et qu'il nous permet de nous épanouir ?
- → À quel(s) moment(s) pourrons-nous nous dire que là, en cet instant précis, c'est assez pour nous ?

Quand je vois le nombre de *burn-out* professionnels exploser, ou encore les sessions de formations inter ou intra-entreprises en gestion du stress se multiplier, je m'interroge, comme vous peut-être, sur le sens que l'on peut donner à cette fuite en avant. Je n'ai pas de réponses toutes faites, je suis comme vous, parce que ce chemin-là, je l'ai également fait à titre personnel : un besoin de donner du sens à mes actions et de vivre plus que jamais en accord avec qui je suis, dans le respect de mon rythme, de mes valeurs et de mes besoins.

Mais pour y parvenir, nous devons oser remettre en question la dictature du « toujours plus ! » et reconsidérer ce dont nous avons réellement besoin pour vivre heureux et satisfait. Cela implique d'affiner nos choix et de ne plus nous laisser dicter notre loi.

La question du « Assez, c'est combien pour nous ? » est au cœur de ce type de réflexion.

Pour vous aider à poursuivre celle que vous avez engagée en listant tout ce qui vous encombre, je vous propose un petit exercice assez proche dans son esprit mais qui apporte un éclairage supplémentaire.

À vous ! Que mettriez-vous dans votre liste des plus et des moins ?

Ainsi, dans la continuité de l'exercice précédent, prenez votre journal créatif et tracez deux colonnes.

Dans la première colonne, vous indiquerez tout en haut : PLUS

Et dans l'autre colonne, vous indiquerez tout simplement : MOINS

Vous l'avez compris, il vous suffira de noter dans chacune de ces deux colonnes :

1. Ce que vous voulez (voir, avoir, vivre, être...) en plus dans votre vie ;
2. Ce que vous voulez en moins.

Là encore, l'exercice a l'air simpliste mais je vous promets qu'il n'en a que l'air et qu'il est très « révélateur » de nos véritables besoins.

N'oubliez pas de prendre votre temps et d'apprécier ce moment en tête-à-tête avec vous-même.

Je choisis un petit espace à désencombrer

✔ Pour clore cette journée, je vous invite à faire le tour de votre intérieur et à choisir un petit espace à désencombrer. Il peut s'agir d'un tiroir, d'un placard, de votre bureau, de l'entrée, etc. Ce qui compte, c'est que cet espace vous inspire et soit à votre portée.

✔ Faites de cette « corvée » un moment convivial et agréable. Pourquoi ne pas le faire en musique par exemple ! Vous transformerez cette tâche *a priori* rebutante en un véritable temps de jeu si vous y associez vos enfants (pour vous y compris !).

✔ Vous pourrez aussi, si vous le souhaitez, prendre une photo avant et après le désencombrement, histoire de vous motiver pour la suite.

✔ Vous verrez, l'exercice est très libérateur, et encourageant pour s'atteler, progressivement, au reste de la maison ! Nous le savons tous, ce qui est difficile, le plus souvent, c'est de s'y mettre ! Une fois lancé, il est probable que vous ne sachiez plus vous arrêter...

Pour aller plus loin

→ L'article sur mon blog : « 6 clés pour réussir son désencombrement », www.zen-et-organisee.com

J'ARRÊTE DE PROCRASTINER !

JOUR 9
Je définis mes (vraies) priorités

Je donne du sens à mes actions

Souvenez-vous, au cours de notre première semaine, nous avons relevé que le manque de sens pouvait être à l'origine de la procrastination. Et pour cause ! Comment mobiliser notre énergie et maintenir notre cap quand nous avons perdu le sens premier de ce que l'on fait ?

Jour après jour, atelier après atelier, coaching après coaching, je ne fais que confirmer une conviction déjà très ancrée en moi : la conviction intime et profonde que ce dont les personnes ont besoin, plus que tout, ce n'est pas tant d'apprendre à ne plus procrastiner, à mieux gérer leur temps, à mieux concilier les différentes sphères de leur vie ou encore à mieux s'organiser à la maison, mais bien, derrière ces ambitions louables, de trouver ou de (re)trouver du sens à ce qu'elles font.

La question du sens, celui que nous donnons à notre vie, à notre travail, à nos différents engagements, est au cœur de tout ce que nous entreprenons, et sans elle, point d'organisation ni de gestion du temps efficientes, viables et durables.

Si vous savez précisément où vous souhaitez vous rendre, vous saurez plus facilement ce que vous devrez faire, jour après jour, pour y parvenir et vous saurez quelles actions poser précisément. Il vous sera donc plus facile de focaliser votre attention sur vos priorités : vos actions prennent sens, elles font écho à cet ou ces objectifs qui vous inspirent tant et qui vous font vous lever chaque matin. Et votre motivation à vous y mettre et à rester centré sur vos activités s'en trouve renforcée.

C'est en améliorant sensiblement votre capacité de concentration et de focalisation sur vos objectifs et, surtout, en redonnant du sens à vos actions que vous parviendrez à accroître votre efficacité dans les domaines impactés par votre tendance à la procrastination. Vous y économiserez une énergie considérable (se disperser sans cesse est très énergivore !) et vous renforcerez votre confiance et votre estime de vous-même.

Si vous entreprenez d'arrêter de procrastiner, et plus globalement, de mieux gérer votre temps, qu'il s'agisse de votre temps personnel ou de votre temps professionnel, attachez-vous d'abord à définir ce qui est important pour vous.

Je définis ce qui est important pour moi

Être et agir en accord avec nos valeurs profondes nous aide à arbitrer nos priorités et à faire les bons choix dans la vie. Elles agissent en quelque sorte comme une boussole intérieure ou un système GPS intégré très sophistiqué, qui nous aident à nous recentrer quand nous avons perdu « notre » nord.

Plus que cela, elles constituent en quelque sorte notre ADN, et, *in fine*, la clé de notre équilibre et de notre bien-être.

En effet, tout ce que nous faisons, jour après jour, sans même que nous nous en rendions compte, est déterminé par nos valeurs et nos besoins profonds. Nos sentiments, comme nos réactions aux situations de la vie courante par exemple, sont également déterminés par nos valeurs.

Lorsque nous nous sentons bien, cela veut tout simplement dire que nous sommes en accord avec nos valeurs et que nos besoins sont satisfaits.

Au contraire, lorsque nous nous sentons mal, lorsque nous râlons, grognons, crions, fulminons, pestons, claquons la porte, jurons, à coup sûr, nos besoins ne sont pas satisfaits, nous sommes en contradiction avec nos valeurs.

L'exercice ci-dessous vous permettra d'identifier vos valeurs et besoins profonds et de mettre le doigt sur votre GPS interne.

J'ARRÊTE DE PROCRASTINER !

À vous ! Qu'est-ce qui est important pour vous ?

Je vous invite à vous prêter à un petit jeu qui se fait à deux (un bon prétexte pour prendre un café avec une copine !), que j'ai moi-même testé il y a quelques années en formation et qui vous permet de travailler sur vos valeurs et vos priorités.

- Demandez à votre partenaire de vous donner une dizaine de minutes au moins pour répondre à une simple et unique question : « Qu'est-ce qui est important pour toi dans la vie ? »
- Demandez-lui de répéter cette seule et unique question jusqu'à la fin de l'exercice. Votre partenaire notera sur un bloc-notes, sous forme de liste, chacune de vos réponses, qui pourront être des verbes à l'infinitif (lire, aller courir une fois par semaine...), des noms, des bouts de phrases, etc. Ce qui compte, c'est de veiller à être le plus exhaustif possible et de noter tout ce qui est important et compte à vos yeux.
- Quand vous aurez terminé, regroupez les réponses qui se ressemblent (ma famille, mes enfants, mon foyer...) et tentez de les hiérarchiser par ordre d'importance, de 1 à 7. Vous aurez ainsi sous vos yeux vos 7 plus grandes valeurs et priorités.

C'est un exercice que vous pouvez également réaliser seul.

Identifier vos valeurs et vos besoins va vous permettre de savoir précisément ce qui est essentiel à votre équilibre et donc de vous affirmer dans toutes les sphères de votre vie, au travail comme à la maison, d'être tout simplement dans l'affirmation et le respect de vos besoins.

Mise en garde : attention à l'interprétation des résultats de cet exercice !

Bien évidemment, comme la plupart d'entre nous, il y a fort à parier que votre famille et vos enfants ressortent en tête de liste. Néanmoins, n'interprétez pas cela comme le signe que vous deviez forcément consacrer plus de temps à cette priorité, et encore moins que vous deviez culpabiliser de ne pas leur en consacrer suffisamment !

C'est au contraire la combinaison savante de ces sept grandes valeurs et priorités identifiées qui vous définit, vous en particulier, et qui vous permettront, en les mettant en lumière, de mettre le doigt sur ce qui est nécessaire à votre équilibre.

Deux autres questions à vous poser pour y voir plus clair :

- De quoi ai-je besoin pour me sentir bien ?

- Qu'est-ce qui est nécessaire à mon équilibre ?

Je me positionne clairement dans mes choix

De la même manière que ce que nous vivons aujourd'hui est le résultat de nos choix d'hier, avons-nous toujours conscience que ce que nous vivrons demain résulte de nos choix d'aujourd'hui ?

C'est un fait : l'énergie suit l'attention. Ainsi, très logiquement, nous ferons pousser demain ce sur quoi nous accordons notre attention aujourd'hui. Je trouve personnellement que cette seule idée nous donne un pouvoir immense, celui de pouvoir *inventer ou réinventer notre vie.*

→ Mais que voulez-vous voir pousser demain ?

→ Sur quoi décidez-vous de porter votre attention aujourd'hui ?

En réfléchissant à ce que vous voulez ou aimeriez vivre à l'avenir, vous affinez votre capacité à faire des choix et vous clarifiez vos intentions. Pour y parvenir, accordez-vous un peu de temps et mettez-vous à l'écoute de votre boussole intérieure. Elle sait exactement ce que vous avez vraiment envie de vivre, aujourd'hui et demain.

À vous ! Sur quoi décidez-vous de porter votre attention aujourd'hui ?

Après avoir défriché, retiré les mauvaises herbes, séparer le bon grain de l'ivraie au cours de la semaine précédente, vous voici fin prêt à semer : quelles graines souhaitez-vous semer pour les mois à venir ou l'année à venir (et au-delà) ?

J'ARRÊTE DE PROCRASTINER !

Faire le point sur ce que vous avez envie de vivre, tant sur un plan professionnel que personnel et familial, est un exercice que je recommande vivement dès que j'en ai l'occasion car il pose la question du sens, celui que nous choisissons de donner à notre vie.

Nul besoin de partir dans la définition de grands objectifs ultra-précis, spécifiques et mesurables, il s'agit plutôt, tranquillement, en vous donnant le temps de le faire, de clarifier vos intentions pour l'année à venir.

Pour y parvenir, je vous invite à répondre de la manière la plus honnête possible à la question suivante :

- Qu'est-ce qui est important pour moi d'être/de faire/d'apprendre/de découvrir/de ressentir/de partager d'ici la fin de cette année ?

....

....

....

- Si d'autres verbes vous inspirent, allez-y également ! Tout est bon à prendre !

Réservez-vous (vous en avez désormais l'habitude) un temps calme, faites confiance à votre ressenti et lancez-vous dans les réponses.

N'intellectualisez surtout pas l'exercice et voyez ce que ces lignes vous inspirent.

Pour aller plus loin dans la clarification de vos intentions pour l'année à venir, et pour faciliter leur ancrage, pourriez-vous résumer votre année à venir sous forme de dix mots-clés ?

Pour corser le tout et vous amener à identifier encore plus votre « essentiel », saurez-vous réduire votre liste de dix mots-clés à cinq mots-clés ? Puis à… un seul mot-clé ?

Je développe ma créativité avec le *Mind Mapping*

Késaco ?

Issue des mots anglais *mind* qui signifie « esprit, intelligence » et *map* qui signifie « carte », l'idée du *Mind Mapping* consiste en une carte heuristique (carte des idées) qui s'articule tout simplement de la façon suivante :

- au centre une idée générale : souvent représentée par un mot, un dessin ou une photographie ;
- autour de cette idée générale : un ensemble de ramifications ou arborescence qui se rattachent à l'idée maîtresse.

Le *Mind Mapping*, de plus en plus utilisé aujourd'hui, a été inventé par Tony Buzan, psychologue anglais spécialiste de la mémoire, de l'apprentissage et du cerveau, au cours des années soixante et théorisé dans les années soixante-dix.

Contrairement à l'ordinateur, le cerveau ne fonctionne pas de manière linéaire ou séquentielle. Il réfléchit de manière multilatérale, c'est-à-dire rayonnante. On parle alors de « pensée rayonnante », processus par lequel le cerveau humain génère des idées.

Une *Mind Map*® fonctionne donc par associations d'idées, créant une arborescence dynamique et simultanée. Elle rayonne toujours à partir d'une image centrale. Chaque mot ou image devient à son tour un nouveau centre d'associations, l'ensemble constituant un enchaînement potentiellement infini de ramifications reliées au centre commun.

Pour rendre votre *Mind Map*® plus attrayante, ajoutez des couleurs, des illustrations et du relief (en dessinant les mots et les images en trois dimensions). Vous pouvez également inventer des codes couleur pour associer certaines branches.

Plus elle sera agréable à regarder, plus elle sera efficace. En effet, notre cerveau réagit plus favorablement aux images et aux couleurs.

Le *Mind Mapping* en pratique[1]

- Étape 1 : prendre une feuille vierge sans ligne, au format paysage.
- Étape 2 : placer le sujet principal au centre de la feuille, également appelé le cœur de la carte. Le sujet principal est écrit dans une forme vaporeuse, comme un petit nuage, et complété par une illustration.
- Étape 3 : tracer des branches autour du cœur pour créer l'arborescence d'idées.

On dit que les premières branches, dites principales, qui partent du cœur, sont celles qui portent les thèmes.

1. Source : Akoun Audrey et Pailleau Isabelle, *Apprendre autrement avec la pédagogie positive*, Eyrolles, 2013.

Les petites branches suivantes, dites secondaires, portent les idées qui se rapportent aux thèmes.

À chaque nouvelle idée, une nouvelle branche qui sera de la longueur du mot qu'elle supporte.

Les branches seront les plus horizontales possibles pour permettre une bonne lisibilité. L'information doit être traitée rapidement sans avoir besoin ni de tourner la tête, ni de tourner la feuille pour lire les informations.

Je réduis le nombre de mes projets et de mes engagements

Je décide de faire de mon projet une priorité

Dernier point et non des moindres : décidez de faire de votre projet une priorité. Tant que celui-ci ne sera pas en tête de liste de vos priorités, vous aurez des difficultés à passer à l'action.

La procrastination résulte le plus souvent, nous l'avons vu, d'un nombre de projets trop important. Quand trop de projets et d'objectifs, aussi minimes soient-ils, occupent notre esprit, nous neutralisons notre puissance d'action.

Vous aurez l'opportunité, au cours de la journée qui suit, de faire le point sur votre ou vos objectifs, c'est-à-dire ce sur quoi vous décidez, en conscience, de porter votre attention et votre énergie.

Vous ne pouvez pas focaliser votre attention sur dix ou quinze projets à la fois, car vous n'en aurez tout simplement ni le temps (on ne peut pas être partout à la fois) ni l'énergie.

Je reprends souvent l'image d'un rayon laser avec mes stagiaires pour exprimer l'intérêt que nous avons à réduire le nombre de nos projets et à focaliser notre attention sur un ou deux d'entre eux seulement. Un rayon laser a plus de force et de puissance qu'une lumière éparse, diffuse, partant dans tous les sens à la fois.

Décidez en conscience que vous allez vous concentrer, durant les prochains jours/semaines/mois sur un seul objectif en particulier, et uniquement sur un objectif, et vous constaterez très vite que le poids inhibiteur que vous ressentiez à vouloir faire avancer tous vos projets en même temps disparaîtra pour laisser place à une énergie toute nouvelle et une puissance d'action capable de déplacer des montagnes !

Pour tout le reste, je me crée des listes d'attente

Focaliser son attention sur un ou deux objectifs à la fois ne signifie pas pour autant que vous renoncez à vos autres projets. Bien au contraire ! Ces derniers sont simplement reportés dans le temps. Car le temps obéit à la loi des cycles : un temps pour chaque chose et chaque chose en son temps ! C'est le principe même de la philosophie du *kaizen* : un pas à la fois.

Si la perspective de focaliser votre attention sur un ou deux projets seulement vous inquiète, vous vous rassurerez en ouvrant dans votre carnet ou dans un fichier numérique une liste de tous vos projets à venir, que vous pourrez intituler : « Ma liste des projets en attente ». En y reportant tous les projets sur lesquels vous avez décidé de ne pas vous focaliser aujourd'hui mais sur lesquels vous reviendrez plus tard, vous libérerez votre esprit (qui n'aura pas à faire d'efforts pour s'en souvenir) et vous économiserez votre précieuse énergie en évitant de culpabiliser : vous ne procrastinez plus ces projets, vous décidez sciemment de vous y consacrer plus tard, quand ils deviendront à leur tour en tête de liste de vos priorités.

Et mine de rien, c'est un détail qui change tout !

Je trace ma feuille de route pour l'année à venir

Une « feuille de route » correspond uniquement à vos grandes lignes, à votre cap pour cette année, elle n'entre pas dans les détails.
Elle peut tenir sur une page mais vous pouvez également décider d'en créer une pour chacune de vos « vies » (professionnelle, personnelle, familiale, etc.).
Libre à vous de la réaliser sous forme de *Mind Map*® (idéal si vous le pratiquez), ou tout simplement sous forme de liste.
Vous pouvez enfin, si vous le souhaitez, l'afficher bien en vue au-dessous de votre bureau, dans votre cuisine ou plus discrètement dans votre agenda.

.../...

La consulter de temps en temps vous permettra de :

- garder le cap, surtout quand votre vie déborde ;
- bien garder à l'esprit vos priorités ;
- faire le point et voir où vous en êtes ;
- et, le cas échéant, de réajuster le tir si besoin.

Pour aller plus loin

- La Fabrique à Bonheurs : www.lafabriqueabonheurs.com
- Ateliers et formations sur Paris et en Province pour les enfants à partir de 8 ans, les collégiens, les lycéens, les étudiants et les adultes, conçus et animés par Audrey Akoun et Isabelle Pailleau (auteures de *Apprendre autrement avec la pédagogie positive*, et de *Je dis enfin stop à la pression*, aux Éditions Eyrolles).

JOUR 10

Je me fixe des objectifs réalistes et à ma portée

Je crée ma *bucket list* !

Une *bucket list*, appelée également « liste de vie », c'est ni plus ni moins une liste de toutes les choses que nous souhaiterions faire avant de mourir !

Nombreux sont ceux qui se sont lancés dans la création d'une *bucket list* et qui se sont fixés pour objectif de parvenir à vivre chacune des expériences notées dans cette liste avant, donc, de mourir, motivés par l'idée de ne pas vivre avec des regrets et de se prémunir des déprimants « Si j'avais su… » ou des « Si c'était à refaire… » !

Si l'envie vous prend d'écrire votre *bucket list*, veillez à ne pas lui mettre de limites, vous avez toute une vie pour en venir à bout. Celle-ci peut donc être très longue, comme je m'étais beaucoup amusée à en rédiger une il y a quelques années ! En voici un (petit) extrait :

1. Écrire un nouveau livre (*fait*).
2. Assister à un vrai match de foot en famille (*fait*).
3. Partir en amoureux à New-York (*fait*).
4. Découvrir Amsterdam.
5. Rencontrer Barbara.
6. Devenir une travailleuse nomade (*fait*).
7. M'offrir un saut en parachute.
8. Écrire et publier mon premier roman.
9. Dormir dans une cabane dans les arbres (*fait*).
10. Participer au semi-marathon de Paris.
11. Méditer une demi-heure par jour.

12. Devenir famille d'accueil temporaire.
13. Apprendre aux enfants et aux adolescents à s'organiser.
14. Participer à un rallye féminin.
15. M'offrir un stage de conduite automobile.
16. Me remettre au yoga.

Je définis mes objectifs à court, moyen et long termes

Même si l'importance de se fixer des objectifs peut paraître évidente à chacun d'entre vous, j'ai pu constater dans le cadre de mon activité professionnelle que peu de personnes prennent le temps de le faire, que ce soit dans la vie professionnelle ou dans la vie personnelle. Ce qui m'a en réalité toujours étonnée, tant cela me paraît essentiel.

Peu de gens en effet savent véritablement ce qu'ils veulent.

Il est essentiel d'une part de prendre le temps de réfléchir à ses objectifs à long, moyen et court termes, par exemple à trois ou cinq ans, à échéance d'un an et chaque mois, en se posant une question toute simple :

- → Qu'est-ce que vous voulez avoir vécu, ressenti, fait, atteint, réussi dans un an ou à la fin de ce mois ?

Faire le point sur ses objectifs une à deux fois par an d'autre part aide à se recentrer sur ce qui compte pour soi et à garder à l'esprit les grandes lignes.

Cela donne une direction, un cap, une feuille de route.

À titre personnel, spontanément et depuis des années, j'éprouve le besoin de faire le point sur mes objectifs personnels et professionnels deux fois par an, et sans originalité durant l'été et en début d'année civile.

Ces pauses m'aident à me recentrer sur ce qui compte pour moi et à garder à l'esprit les grandes lignes du cap que je me suis fixé.

J'y consacre le temps qu'il faut, sans pression, mais en gardant à l'esprit l'importance de ces étapes intermédiaires.

- → Êtes-vous dans la bonne direction ?
- → Avez-vous changé de cap en cours de route ?
- → Devez-vous redresser la barre ou au contraire modifier les objectifs à atteindre ?

J'apprends à définir mon objectif

Définir ses objectifs n'est pas aussi facile que cela en a l'air. Je dirais même que c'est tout un art !

Un objectif bien défini doit être énoncé de façon claire et explicite, de préférence par écrit. Outre le fait que vous pourrez plus facilement « oublier », consciemment ou non, les objectifs que vous vous êtes fixés mentalement, vous pourrez, s'ils sont écrits, vous y référer aussi souvent que nécessaire.

La détermination d'objectifs est un élément fondateur de la démarche de changement. Changer, mais pour partir de quoi et pour aller où ?

Mettre en place une démarche de changement, c'est donc tout d'abord définir avec justesse et précision son objectif.

Peu importe que l'objectif soit important pour les autres, il doit d'abord l'être pour vous. Cette importance animera en l'occurrence votre motivation, la volonté de changer, d'évoluer et de mettre en place de nouvelles solutions.

- → Si vous atteignez cet objectif, en quoi les choses et les gens seront-ils différents autour de vous ?

Un individu se définit entre autres par ses relations. L'aspect systémique est également fondateur du changement ou de l'évolution.

- → Quel élément positif serez-vous en mesure de percevoir ?

Faites une description positive et, si possible, au présent : il ne s'agit non pas ici de décrire l'absence d'un problème, mais plutôt d'observer et d'expérimenter la présence de solutions.

- → Quel sera le premier signe que quelque chose a changé ?

L'individu recherche souvent un résultat final, voire absolu. Il a besoin de prendre conscience des différentes étapes de son évolution. Le questionnement sur la première étape permet de créer une attente concrète, réaliste, mais également d'installer le sujet dans le processus de changement.

- Concrètement, qu'est-ce qui changera ?

Les termes du changement décrit doivent correspondre à un objectif correctement défini : concret, réaliste et mesurable.

- En quoi est-ce un défi pour vous ?

L'idée d'une tâche à accomplir, d'un défi à relever est importante à générer. Ces aspects développent la motivation et l'investissement personnel.

- En quoi est-ce aligné avec vos besoins, votre mission, votre vision ?

Après avoir identifié ce que vous pourriez voir se produire comme miracle, voici quelques questions complémentaires qui vous aideront à atteindre votre objectif :

- Qu'est-ce que vous faites actuellement (comportements) qui vous éloigne de cet objectif ?
- Qu'est-ce que vous devriez faire de plus, de moins, de différent pour atteindre votre objectif ?
- Quelles sont les croyances qui vous éloignent de votre objectif ?
- Quelles sont les nouvelles croyances à développer pour vous aider à atteindre votre objectif ?
- Qui sont les personnes pouvant vous aider à atteindre votre objectif ?

Je pose des jalons avec des objectifs intermédiaires

Un jalon est un repère, une balise. Un repère balisé que l'on plante en terre pour faire des alignements ou déterminer une direction. Au sens figuré, se dit des idées ou des étapes qui servent à diriger ou à se situer dans une étude, un travail, un projet.

Quand vous vous engagez dans la poursuite d'un objectif, il est fondamental que vous gardiez à l'esprit, tout au long du parcours, une vision très claire de votre objectif final. C'est à la fois ce qui va nourrir votre motivation en cours de route et ce qui vous donne la direction à suivre.

Mais il est tout aussi important pour la réussite de votre projet de mesurer régulièrement le chemin parcouru en vous fixant des buts intermédiaires, des paliers, des jalons.

En déterminant et en posant des jalons, en vous fixant des étapes intermédiaires, vous clarifiez le chemin que vous devez emprunter pour parvenir à votre objectif. Ces jalons vous permettent, une fois identifiés, de faire le point, de procéder à des ajustements si nécessaire et de réévaluer à échéance régulière votre plan en cours de route.

Je reste concentré sur mon objectif final

Même si évidemment le chemin importe en cours de route (nous y reviendrons), prenez le temps, dès le début de votre engagement, de vous imprégner en profondeur de votre objectif final. C'est la vision de ce dernier qui va venir soutenir votre motivation et vous donner le carburant nécessaire pour continuer quand vous serez tenté de procrastiner, de vous consacrer à autre chose, voire carrément de baisser les bras.

Pour y parvenir, développez dès aujourd'hui votre capacité à visualiser.

Shakti Gawain, auteure de *Techniques de visualisation créatrice*[1], avait été l'une des premières en 1978 à parler de ce que l'on connaît aujourd'hui sous le nom de « tableau de visualisation », « tableau de vision », *vision map*, *vision board*, etc.

C'est un exercice tout à fait intéressant à plus d'un titre :

- En choisissant les images qui se rapprochent de ce que nous voulons atteindre (ou créer), nous obligeons notre esprit à clarifier cette vision. Or, force est de constater que nous ne savons pas toujours avec précision ce que nous voulons. Nous avons en général plus de facilité à identifier ce dont nous ne voulons plus, et c'est déjà un grand pas vers une vie qui nous ressemble davantage.

1. Le Courrier du Livre, 2006.

- Mais si nous voulons éviter de nous rendre vers des objectifs :
  - qui ne sont pas (plus ?) les nôtres,
  - qui ne nous correspondent pas vraiment,
  - qui ne nous permettront pas d'être en accord avec nos valeurs, nos besoins,

  nous devons prendre le temps de définir le plus clairement possible ce que nous voulons vraiment.
- Nous sollicitons (enfin) notre cerveau droit, siège de la créativité et de l'imagination en lui parlant dans le langage qu'il comprend le mieux : celui des images, des couleurs, des symboles.

Et ça tombe bien car c'est aussi le langage de notre inconscient. En offrant chaque jour à votre inconscient la vision de votre tableau créatif, vous lui donnez tout simplement la direction à suivre.

À vous ! Laissez-vous inspirer en créant votre tableau créatif !

Choisissez le support de votre choix, un papier épais format A3, une feuille cartonnée blanche en mousse (environ 4 € dans les magasins ou rayons de loisirs créatifs).

Puis laissez libre cours à votre imagination : vous pouvez découper des images, des mots, des symboles dans vos magazines, imprimer des visuels trouvés sur Internet qui correspondent à votre vision, noter des phrases inspirantes ou des mots-clés qui vous « parlent », dessiner, pourquoi pas peindre, y ajouter des paillettes (celles que vous aurez « piquées » à vos enfants !) ou des morceaux de tissus, etc.

Bref, ne vous limitez pas et faites de votre « création », de votre collage, la projection matérielle et bien réelle de votre vision.

Ne vous forcez pas en revanche si l'exercice ne vous dit pas ou si dans les jours qui viennent, vous ne vous sentez pas inspiré(e). Laissez de côté et reprenez-le, affinez-le au fil des semaines, vous verrez combien votre vision s'affine également et s'éclaircit.

J'apprends à visualiser pour créer un pont avec le futur

La visualisation est cette capacité mentale que nous avons tous de nous représenter un objet, un son, une situation, une émotion ou une sensation. Selon son intensité, cette représentation peut déclencher plus ou moins les mêmes effets physiologiques que le ferait la réalité.

Quand, par exemple, on a très peur dans le noir, les manifestations corporelles de la peur sont pratiquement les mêmes que si un monstre nous menaçait vraiment.

À l'opposé, penser à une situation agréable amène le corps dans un état réel de détente.

Imaginez-vous là maintenant en train de couper un fruit bien juteux en quartiers, de humer un de ceux-ci, puis d'y mordre à pleines dents, le jus coulant dans votre bouche...

Je suis prête à parier que la seule évocation de ce citron, qui pourtant n'existe pas et que vous n'avez fait qu'imaginer, vous a fait saliver !

Chacun de nous est capable de visualiser car chacun de nous est capable de créer de toutes pièces des images mentales. Vous le faites déjà tous les jours quand vous vous souvenez d'une expérience passée, quand vous imaginez dans votre esprit le repas que vous avez prévu de préparer le soir en rentrant chez vous ou quand vous vous réjouissez par anticipation de la soirée que vous vous apprêtez à passer avec vos amis !

Cette capacité à visualiser nous est précieuse pour nous projeter dans le temps et créer un pont avec le futur.

À titre d'exemple, dans le cadre de mon atelier interactif en ligne *Trois mois pour désencombrer et alléger sa vie !*, je demande dès le début de l'atelier à mes stagiaires de se projeter à l'issue des trois mois de leur défi minimaliste.

L'objectif de cet exercice est de créer une vision suffisamment forte et riche en émotions dès le départ de l'aventure !

Je me projette au 31 décembre[2]

Trouvez un moment tranquille et réservez-vous au minimum une demi-heure pour vous livrer à cet exercice ou plus si vous en avez envie. Puis laissez-vous porter par votre imagination et votre ressenti...

Nous sommes le jeudi 31 décembre au matin. Il fait un froid sec. Vous êtes parti(e) seul(e) faire quelques courses pour le Réveillon. Il vous manque juste quelques mandarines, des pâtes d'amande et des figues bien fraîches pour le repas. Vous vous réfugiez dans un café tranquille et agréable. Puis vous vous installez, et appréciez la douce chaleur de l'endroit. Vous voici désormais devant un chocolat bien chaud. Vous prenez le temps de respirer son odeur et de le goûter. Enfin réchauffé(e), vous sortez votre carnet de votre sac, votre stylo et décidez, à l'aube de la nouvelle année, de porter votre attention sur votre vie, telle qu'elle est en ce 31 décembre. En conscience.

Vous êtes satisfait(e) et serein(e) car vous vous sentez parfaitement à votre place. Ni plus ni moins. À votre juste place. Écrivez sur votre carnet les raisons de votre satisfaction.

Vous pensez aussi à votre chez-vous. Vous balayez chaque pièce du regard et vous arborez un grand sourire : vous vous y sentez parfaitement bien. Vous y êtes bien. Chaque chose est à sa place, vos déplacements sont fluides, les pièces sont aérées et vous semblent même plus spacieuses.

Vous regardez derrière vous et mesurez le chemin parcouru depuis les trois derniers mois.

.../...

2. Exercice tiré de l'un de mes ateliers.

- ✔ Que voyez-vous ? Qu'est-ce qui a changé, chez vous, à la maison, mais aussi en vous, concrètement, durant ces trois mois ?
- ✔ Qu'avez-vous accompli durant ces trois mois ?

Prenez le temps de bien ressentir ce que vous voyez. Soyez attentif(ve) aux détails.

Enfin, vous songez à cette nouvelle année qui est là, juste devant vous. C'est demain. Vous y êtes. Prenez le temps là encore de bien ressentir l'énergie de cette nouvelle année.

- ✔ Qu'est-ce que cette année représente pour vous ?
- ✔ Quels espoirs porte-t-elle ?
- ✔ En quoi cette année sera différente de l'année qui vient de s'écouler ?

Quand vous le souhaitez, revenez tranquillement à aujourd'hui, où que vous soyez (dans votre salon, à votre bureau, sur le canapé) et relisez tranquillement ce que vous avez écrit.

- ✔ Qu'est-ce qui a émergé de votre « rêverie créative » ?
- ✔ Qu'avez-vous noté qui vous interpelle ?

En vous livrant à cet exercice de visualisation, que vous pouvez reproduire autant de fois que vous le souhaitez, chez vous, dans les transports, sur les temps d'attente, vous donnez à votre subconscient une direction dans laquelle travailler.

Il s'agit là, tout simplement, de la *vision à partir de laquelle vous allez pouvoir concentrer votre attention* au cours des trois mois qui viennent.

Et rappelez-vous que sans vision, nous n'allons nulle part !

À vous de jouer avec le temps et de vous projeter de nouveau autant de fois que vous le souhaitez à la fin de cette année pour modifier votre *scénario* si celui-ci ne vous satisfait pas encore pleinement !

À vous de *choisir* le scénario qui vous convient. Car c'est bien *votre* scénario que vous êtes en train d'écrire !

J'ARRÊTE DE PROCRASTINER !

JOUR 11
J'apprends à planifier mes actions

J'adopte une vision du temps plus réaliste

Mieux gérer mon temps, pour quoi faire ?

Bien s'organiser, au travail comme à la maison, n'est pas une fin en soi. C'est un moyen !

S'organiser uniquement pour le plaisir d'être organisé ne présente aucun intérêt. On se fait plaisir, d'accord, on s'extasie et on se dit : « Chouette, qu'est-ce que je suis bien organisé ! » Et après ?

L'organisation est avant tout un moyen. Un moyen de vous simplifier la vie, de faciliter votre quotidien, de mettre de la fluidité dans vos journées. C'est votre organisation, celle que vous choisirez de mettre en place, qui devra s'adapter à vos objectifs et à vos contraintes, et non le contraire !

Car une bonne organisation est avant tout une organisation qui sait se faire oublier : c'est bien connu, trop d'organisation tue l'organisation

Une bonne organisation est donc :

- Une organisation qui vous convienne, qui vous ressemble. La meilleure organisation, c'est la vôtre, celle que vous choisirez de mettre en place et d'adapter à vos missions, objectifs, contraintes ainsi qu'à votre tempérament.
- Une organisation simple et facile à mettre en œuvre. Les outils et les méthodes que vous choisirez d'utiliser seront simples et devront se fondre dans votre quotidien professionnel.
- Une organisation qui réponde à des objectifs que vous aurez définis en amont : mieux m'organiser, d'accord, mais pour quoi faire ?

Gardez toujours à l'esprit ce que vous attendez concrètement d'une meilleure organisation et d'une meilleure gestion de votre temps, en vous posant les deux questions suivantes.

- À quoi le fait de mieux vous organiser et de mieux gérer votre temps va-t-il vous servir concrètement ?
- Quels bénéfices concrets est-ce que vous en attendez ?

Démystifions la sacro-sainte gestion du temps !

À votre niveau, j'imagine que vous avez tous et toutes une idée de ce qu'est la gestion du temps, et même peut-être de ce qu'elle n'est pas. Vous avez probablement d'ailleurs aussi une idée très arrêtée sur ce qu'elle peut vous apporter ou pas.

Je dis ou pas car le plus souvent, ce que l'on constate en matière de gestion du temps, en particulier après avoir suivi une formation ou lu un livre sur la question, c'est qu'il est compliqué, voire impossible de mettre en application la théorie et les grands principes dans la réalité de son quotidien professionnel et/ou personnel.

Et ce, pour une raison très simple : pour qu'elle soit opérante, c'est-à-dire qu'elle produise des résultats (ceux que vous aurez déterminés en amont), la gestion du temps doit être la plus simple et la plus fluide possible. Elle doit s'intégrer dans votre quotidien, elle doit s'adapter à votre nature, à votre façon de fonctionner et elle doit impérativement prendre en compte vos contraintes. C'est l'unique façon d'inscrire durablement une bonne gestion du temps dans votre organisation.

- Concrètement, ça veut dire quoi ?

Cette nouvelle façon d'aborder la gestion du temps et l'organisation implique de bannir une fois pour toutes les outils trop compliqués, les grosses « usines à gaz » que vous finirez immanquablement par mettre de côté.

Il vous faudra être beaucoup plus pragmatique en la matière. Faites simple et visez un changement durable ! Car compliqué ne veut pas forcément dire efficace, bien au contraire...

Voici précisément ce qui me motive et donne du sens à mon action : réconcilier les personnes que j'accompagne ou que je forme avec une gestion du temps réaliste, pratique et pérenne.

La gestion du temps, enfin, n'est pas miraculeuse non plus. Elle ne s'appréhende pas d'un coup de baguette magique, elle ne résulte pas de l'application de recettes miracles ou de mesures prêtes à l'emploi qu'il suffirait de plaquer à son organisation. Malheureusement, cela ne fonctionne pas comme ça...

La gestion du temps, finalement, c'est avant tout beaucoup de bon sens, quelques bons réflexes et quelques bonnes habitudes à adopter, mais c'est surtout un levier fondamental pour passer à l'action et aller au bout de vos projets !

Prioriser, c'est choisir !

Selon *Le Petit Robert*, une priorité peut être définie comme la qualité de ce qui passe en premier.

Être capable d'établir des priorités entre différentes tâches, c'est savoir choisir ce que l'on va faire en premier. Cela revient tout simplement à se poser la question de l'ordonnancement de nos tâches : « Dans quel ordre je choisis de faire ce que j'ai à faire ? »

Prioriser, c'est donc choisir, c'est procéder à un arbitrage parce que dans tous les cas, vous ne pourrez pas tout faire.

J'insiste : dans tous les cas, vous ne pourrez pas tout faire !

Votre sentiment de ne pas maîtriser la charge de travail et de crouler sous beaucoup, beaucoup trop de choses à faire vient en grande partie d'une mauvaise estimation, plus exactement d'une surestimation de votre capacité de travail.

Vous pensez pouvoir en faire plus que ce que vous pourrez réellement faire en une journée (ou même une semaine).

Pourtant, votre journée, comme la mienne, ne fait que 24 heures, c'est un fait incontestable. Elle n'en fait pas 32 ou 48 (dommage...).

Cependant, chaque jour, vous vous évertuez à vous imposer une liste de tâches à faire que vous ne pourrez matériellement pas tenir :

- parce que vous connaissez mal ou avez mal estimé la durée que vous prennent vos tâches, quelles qu'elles soient, en amont ;
- parce que vous n'avez pas intégré une marge pour les imprévus dans votre journée (et chaque journée comporte immanquablement, ou presque, son lot d'imprévus) ;
- parce que vous n'avez pas pris en compte dans votre fameuse *to-do list* vos baisses d'énergie.

Le résultat est là : vous vous retrouverez jour après jour avec une *to-do list* longue comme le bras et tout simplement IR-REA-LISTE !

Et c'est ainsi que vous sapez votre moral, vous mettez à mal votre motivation, et que vous finissez même par vous trouver nul, pas efficace, pas compétent, parce qu'une fois de plus, vous n'aurez pas « réussi » à accomplir au cours de cette satanée journée tout ce que vous aviez prévu d'accomplir ! Car en procédant ainsi, il ne pouvait en être autrement, vous vous êtes placé, sans le vouloir, en situation d'échec avant même de démarrer votre journée…

Je suis persuadée d'ailleurs que si vous disposiez par magie de journées de 48 heures, passées l'euphorie des premiers jours, vous vous arrangeriez pour « blinder » vos 48 heures exactement comme que vous le faites avec vos 24 heures, et vous vous retrouveriez rapidement avec le même sentiment de débordement qui vous anime aujourd'hui !

Lorsque j'anime une formation inter ou intra-entreprise en gestion du temps et des priorités, j'insiste particulièrement sur ce point car il m'importe avant tout de déculpabiliser mes stagiaires et de leur faire comprendre qu'il est utopique et non réaliste de viser l'inatteignable : être à jour dans tout ce que nous entreprenons !

Dans tous les cas, vous aurez toujours plus de choses à faire que vous ne pouvez réellement en faire… Et c'est tout à fait normal, tant dans votre vie professionnelle que dans votre vie personnelle et familiale. Rassurez-vous, c'est le cas de tout le monde ou presque, et ce quel que soit le niveau de responsabilités ou de hiérarchie ! D'où l'intérêt, la nécessité même, de procéder à un arbitrage parmi toutes nos tâches à faire.

Alors, comment faire pour apprendre à mieux gérer vos multiples priorités quotidiennes ?

En appliquant deux règles simples et complémentaires :

- **Prenez l'habitude de fixer une durée pour chaque tâche**
  Tentez aussi souvent que possible, au moment de planifier vos journées, de fixer une durée pour chaque tâche. Vous devez rédiger un communiqué de presse ou boucler la présentation d'un rapport ? Donnez-vous un temps précis pour le faire !
  Selon la loi de Parkinson, également appelée « loi de dilatation », « plus je dispose de temps et plus le travail prévu me prendra du temps et occupera la totalité du temps disponible ».
  Avez-vous remarqué que plus vous avez de temps pour réaliser une tâche, plus vous vous étalez dans le temps ? On dit communément que le temps a tendance à « se dilater », d'où la nécessité absolue de le cadrer, en fixant un début et une fin à votre action et en estimant le plus justement possible sa durée.
- **Pas plus de 3 à 5 grandes priorités par jour !**
  La *to-do list* que vous utilisez aujourd'hui ressemble davantage à un inventaire à la Prévert de tout ce que vous avez à faire. En règle générale, vous y notez vos tâches à faire les unes après les autres sous forme de *check-list* à cocher, sans discrimination et sans la moindre hiérarchie.
  L'usage d'une *check-list* n'est pas une mauvaise chose en soi car elle présente au moins l'avantage de déposer sur papier toutes ces petites choses qui trottent dans votre tête, et donc d'alléger votre charge mentale.
  Mais ne vous arrêtez surtout pas à cette première étape car vous risquez, comme je le vois encore trop souvent, de paniquer à la seule vue de l'immensité de la charge de travail qui vous attend !
  Reprenez votre *to-do list* et prenez le temps (cinq à dix minutes peuvent suffire) d'identifier, idéalement la veille au soir, trois à cinq priorités pour votre journée de travail, en les notant par écrit.
  Pourquoi dès la veille au soir ? Parce que cela vous aidera à visualiser votre journée du lendemain, libérera votre mémoire (déjà bien remplie), vous permettra de mieux dormir et fera travailler votre subconscient pendant la nuit.
  Ce sera en quelque sorte votre feuille de route pour la journée, et vous aurez allégé considérablement votre esprit.

En vous centrant sur vos grandes priorités du jour (ce que vous souhaitez accomplir tout particulièrement au cours de cette journée), vous clarifiez vos intentions, vous renforcez votre capacité de concentration, vous entrez dans un cercle vertueux en renforçant votre estime de vous-même car vous aurez enfin le sentiment du travail accompli à la fin de chaque journée.

Bref, vous reprenez la main sur l'organisation de vos journées et aurez enfin le sentiment d'avancer, et dans la direction que vous aurez choisie !

Petite précision : définir une priorité pour la journée ne veut pas dire que vous alliez jusqu'au bout d'une tâche ou d'un projet. Une priorité peut correspondre à l'étape d'un projet.

Je passe d'une représentation linéaire à une représentation stratégique du temps

La planification est à la base même d'une bonne gestion du temps. Elle permet d'anticiper, de prendre de l'avance, de faire le tour d'une question, d'une activité, d'un projet.

Elle permet aussi et surtout de faire de la place pour nos tâches importantes, souvent négligées au profit des urgences du quotidien.

Si vous ne planifiez pas, vous vous laisserez guider par tout ce qui est urgent et s'impose à vous et vous ne pourrez pas avancer sur les dossiers de fond ou les échéances plus lointaines que le court terme, mais également sur ce qui vous tient à cœur et sur tout ce qui relève de votre valeur ajoutée.

Une idée simple à retenir : je prends du temps pour gérer mon temps.

Planifier implique en effet d'accepter de « perdre » un peu de temps chaque jour pour en gagner.

Prendre le temps de planifier et d'organiser son travail, au regard de ses priorités du jour/de la semaine/du mois/de l'année permet invariablement et contre toute attente de gagner du temps.

Une récente étude a révélé qu'en consacrant huit malheureuses minutes par jour à planifier, nous pouvions gagner une heure dans la journée.

Ainsi, logiquement et contre toute attente, plus on a de choses à faire, plus il faudrait prendre de temps pour planifier !

Pourtant, nous avons tous cette tendance naturelle à faire exactement l'inverse, saisi par la panique de ne pas parvenir à tout faire.

Une panique qui finit par nous paralyser et nous ôter toute lucidité pour avancer et accomplir nos priorités du jour.

Lorsque nous nous sentons débordés et que la pression devient difficile à supporter (ce que j'appelle aussi l'effet « cocotte-minute ! »), prenez une demi-heure de votre temps (après tout, vous n'êtes plus à ça près !), posez tout ce que vous avez à faire sur la table, au sens propre comme au sens figuré et faites le tri !

Revenez au bon sens et décidez de ce qui devra être fait en priorité et sous quel délai.

Fixez une durée réaliste pour chacune de ces tâches en ajoutant à cette durée une marge d'erreur de 10 % et en prenant en compte, dans votre planification, une marge pour les imprévus (souvenez-vous, de 30 à 50 % de votre temps disponible).

Pour le reste, faites le tour de vos marges de manœuvre : pouvez-vous déléguer certaines tâches, négocier le délai ou le contenu de certaines autres ?

Vous octroyer une demi-heure ou plus pour planifier vous permettra, dans ces moments de grande panique que nous avons tous connus un jour ou l'autre, de retrouver la lucidité indispensable pour prendre les bonnes décisions.

Les avantages de la planification :

- économiser / gagner du temps ;
- éviter d'éventuels (et parfois dommageables) oublis : vision à 360° ;
- être dans l'anticipation nous « donne le temps » d'aborder un projet, une action, une mission dans sa globalité. Nous avons le temps de faire le tour d'une question ;
- planifier rassure, procure une forme de tranquillité d'esprit ;
- planifier nourrit enfin un sentiment de maîtrise, valorisant. Sentiment de maîtriser sa charge de travail, sentiment de compétence.

Je sanctuarise mon agenda

✔ Votre temps vous appartient. Il est précieux. Il est de votre responsabilité de le protéger, de le défendre et de le chérir. Ne le bradez pas à n'importe qui, ne laissez personne vous le voler sans que vous lui donniez la permission de le faire. Bref, soyez littéralement avare de votre temps, non pas pour en optimiser la moindre parcelle mais pour vous laisser la possibilité de choisir comment et avec qui vous souhaiter le dépenser.

✔ Votre agenda est ni plus ni moins la représentation visuelle de votre temps. À vous de sanctuariser votre agenda et de vous réserver, en les bloquant noir sur blanc, des plages de temps définies pour vous, pour votre conjoint(e), pour votre famille, pour vos projets.

✔ C'est la proposition que je vous fais pour ce nouveau « rituel du premier pas » : bloquez dès aujourd'hui dans votre agenda une ou plusieurs plages de temps pour votre projet. Il peut s'agir d'une heure tous les jours ou tous les quinze jours. Peu importe ! L'essentiel est ailleurs : il est dans l'intention concrète de libérer du temps, et donc de réserver un peu de votre attention et de votre énergie pour faire grandir votre projet. C'est parti !

J'ARRÊTE DE PROCRASTINER !

JOUR 12

J'adopte une stratégie de « temps limité »

Je passe à l'action avec le « plan des cinq minutes »

Une stratégie de temps limité a pour objectif de segmenter votre action en périodes courtes, de cinq, dix, quinze, vingt minutes, et de la rendre beaucoup plus accessible à vos yeux.

« Je ne me sens pas le courage de passer trois heures à rédiger ce dossier mais je peux aisément concevoir de m'y pencher pendant un quart d'heure ».

Une stratégie de temps limité est un facilitateur d'action qui va progressivement, en douceur, augmenter notre tolérance à l'effort.

Seule exigence : vous équiper d'un minuteur (ou vous servir de celui de votre smartphone, qui suffit amplement) !

La plus connue d'entre elles est le « plan des cinq minutes » mais il en existe de nombreuses autres dont vous pourrez vous inspirer.

Libre à vous enfin d'imaginer vos propres stratégies de temps limité, de les rendre ludiques à souhait afin que votre mise en mouvement ne soit plus qu'une simple formalité.

La règle est simple : s'engager dans l'activité rébarbative que l'on a prévu de faire pendant cinq minutes, ni plus ni moins. Passez ce contrat avec vous-même, chronométrez-vous, puis faites le point. Vous êtes saoulé ? Passez à autre chose. Vous vous dites que ce n'est pas si pénible que cela ? Persévérez cinq minutes supplémentaires.

Comme le pari est acceptable, la tolérance à l'effort s'améliore souvent de manière significative.

La célèbre méthode *FlyLady*, popularisée par Marla Cilley dans son best-seller *Entretiens avec mon évier*[1], évoque quant à elle « l'opération de sauvetage en cinq minutes ». C'est l'un des outils que *FlyLady* suggère pour vous permettre de vous créer un passage dans votre pièce la plus encombrée. Vous pourrez facilement identifier cette pièce en vous demandant : « Quelle est la pièce qui me fait rougir de honte à l'idée que quelqu'un la voie ? » Travaillez dans cette pièce cinq minutes par jour pendant vingt-sept jours et elle finira, selon l'auteur, par être celle que vous montrerez en premier à vos visiteurs !

Se mettre en mouvement avec la roue du plaisir

Dans son livre *Juicy Pens Thirsty Paper*[2], Sark propose une méthode pour nous mettre enfin en mouvement : la roue du plaisir (*the wheel of delight*). Il s'agit d'une représentation graphique qui présente les micromouvements à réaliser pour commencer un projet.

Nous pourrions définir un micromouvement comme une petite action, un petit pas (tiens, tiens !), qui vous rapproche de votre objectif.

De plus, nous ne pouvons pas prétexter le manque de temps car les micromouvements sont courts par définition : un micromouvement ne doit pas dépasser un laps de temps compris entre cinq secondes et cinq minutes.

À vous ! Comment construire une roue du plaisir ?

Tracez un premier cercle au centre d'une feuille. Notez-y votre projet.

Tracez un deuxième cercle autour du premier puis dessinez huit rayons. Dans chaque segment, notez un micromouvement. Attention, ce mouvement doit être formulé de façon à procurer un certain plaisir.

Tracez un troisième cercle autour du deuxième. Entre ces deux cercles, notez la date à laquelle vous avez accompli votre micromouvement. Souvenez-vous que chaque micromouvement ne doit pas dépasser cinq minutes !

1. L'Instant présent Éditions, 2012.
2. Harmony, 2008 (en anglais).

La roue du plaisir[3]

JOUR 12

1 2 3 4 5 6 7 8 9 10 11 13 14 15 16 17 18 19 20 21

3. Tiré de l'ouvrage *101 astuces pour mieux s'organiser* de Xavier Delengaigne aux Éditions Eyrolles, 2014.

J'identifie mes *starters*

Avez-vous remarqué que certaines tâches en appellent d'autres ?

Qu'un lave-vaisselle déjà débarrassé nous donnera plus envie de le remplir ?

Qu'il nous sera plus facile de nous atteler à une séance de torture courrier administratif si nous avons à portée de main tout le matériel nécessaire (timbres, enveloppes, trombones, agrafeuse, etc.) et les justificatifs dont nous aurons (probablement) besoin.

Un *starter* est une tâche préliminaire qui là encore facilitera votre mise en mouvement. En les identifiant, vous pourrez vous concentrer sur eux à des moments clés de la journée, le matin avant de partir au travail par exemple. Ils ne vous prendront que très peu de temps et vous « inviteront » à aller plus loin à votre retour.

Quelques exemples de *starters* dans la vie quotidienne :
- programmer la machine à laver pour que vous puissiez étendre le linge fraîchement lavé à votre retour ;
- débarrasser le lave-vaisselle ou l'égouttoir à vaisselle ;
- secouer ses draps et aérer sa chambre avant de faire son lit, etc.

À vous d'identifier parmi les tâches que vous procrastinez les tâches préliminaires qui pourront faire office de *starters*. Découvrir les préliminaires efficaces pour amorcer les tâches habituellement procrastinées est avant tout une affaire d'auto-observation.

Repensez à la dernière tâche que vous avez procrastiné et essayez de vous rappeler comment les choses se sont enchaînées. Reportez-vous si besoin à votre état des lieux en sept étapes de notre troisième journée. Souvenez-vous, vous aviez déjà identifié ce qui vous rebute précisément dans vos tâches à accomplir.

À partir de ce constat, imaginez quelle nouvelle petite habitude vous pourriez mettre en place pour contourner, autant que possible, ces petits riens qui vous rebutent et vous éloignent dangereusement de l'action.

Je teste la technique *Pomodoro®*

La technique *Pomodoro®*, également appelée la *technique de la tomate*, a été inventée par Francesco Cirillo pour améliorer notre productivité.

Un *pomodoro* est un minuteur en forme de tomate. En italien, *pomodoro* signifie en effet « tomate ».

Au-delà d'accroître notre productivité, son intérêt, à mon sens, est ailleurs : celui d'aider à nous consacrer qu'à une seule tâche à la fois, sur un temps limité. Elle nous apprend, entre autres, que nous pouvons difficilement rester longtemps concentrés sur une activité, comme nous l'évoquerons au cours de la semaine 3, et que nous avons besoin de pauses fréquentes pour recharger nos batteries.

Travailler sans interruption sur une seule action va vous permettre d'aller à l'essentiel et de ne pas vous disperser.

À vous ! Et si vous testiez dès aujourd'hui la technique Pomodoro® ?

Munissez-vous d'un *pomodoro* : il permet de voir combien de temps il vous reste. De plus, il permet de jalonner votre activité. Vous pouvez utiliser un minuteur en ligne avec tomato-timer.com, ou encore télécharger l'application gratuite Pomodoro Time®. À défaut, utilisez le minuteur de votre smartphone.

Classiquement, un *pomodoro* (ou une « tomate ») dure trente minutes : vingt-cinq minutes de travail suivies de cinq minutes de repos.

Pendant vingt-cinq minutes, vous n'allez porter votre attention que sur une activité (appelée donc « tomate »), et une seule. Votre intérêt ne se bornera qu'à la réalisation de cette tâche. Vous ne vous laisserez pas distraire par quoi que ce soit d'autre. Vous ne pouvez pas interrompre cette activité pour autre chose et revenir ensuite à votre tâche initiale. Vous ne pouvez pas non plus poursuivre au-delà des vingt-cinq minutes, même si vous pensez terminer la tâche avec quelques secondes de plus.

Après chaque « tomate », vous faites une pause de trois à cinq minutes. Il s'agit d'un break total pendant lequel vous ne faites rien de stimulant : juste de la relaxation et du plaisir.

Toutes les quatre « tomates », prenez une pause plus longue : de quinze à trente minutes.

Si la tâche est interrompue, elle est considérée comme nulle et doit être recommencée.

J'ARRÊTE DE PROCRASTINER !

En fin de journée, faire le bilan de vos « tomates cuisinées » vous permettra de trouver des axes d'améliorations pour l'organisation de vos prochaines journées.

Je m'appuie sur la force des habitudes

Les habitudes que nous adoptons peuvent être nos pires ennemies, (quand elles nous figent dans l'inaction par exemple), comme nos meilleures alliées !

Appuyons-nous sur la force des habitudes pour économiser notre énergie et raccourcir autant que possible le délai entre notre décision et notre passage à l'action.

Selon une étude en psychologie conduite par Philippa Lally pour l'*University College London* (étude de 96 personnes qui souhaitaient mettre en place une nouvelle habitude, comme courir quinze minutes par jour, manger un fruit au déjeuner, etc.), il semble que le chiffre magique pour mettre en place une nouvelle habitude soit soixante-six : soixante-six jours, soit un peu plus de deux mois de répétitions quotidiennes.

En moyenne, les participants atteignaient un plateau le soixante-sixième jour, avec des variations allant de 18 à 254 jours pour les comportements mesurés dans cette étude, dont les résultats ont été publiés dans le *European Journal of Social Psychology*.

« Manquer » une seule journée ne réduit pas à long terme les chances de développer une habitude. Ce sont les répétitions dans les débuts qui donnent le plus de résultats pour développer un nouvel automatisme.

L'apprentissage passe par la répétition ! Chaque nouvelle répétition permet de creuser un sillon et de le creuser un peu plus profondément chaque jour.

Je me crée des routines pour simplifier mon quotidien

Économisez votre cortex préfrontal en automatisant, au travail comme à la maison, tout ce qui pourra l'être. Créez-vous des petites routines courtes de quinze minutes ou plus, le matin avant de partir au travail, ou le soir en fin de journée, pour alléger et simplifier vos journées.

Établissez vos routines matinales

Distinguer si possible trois routines bien distinctes :

- ✔ la vôtre ;
- ✔ celle de votre conjoint(e) (vous n'avez pas forcément les mêmes horaires) ;
- ✔ celle de vos enfants.

Commencez par lister tout ce que vous *devez* a minima faire le matin avant de partir au travail/à l'école et partez à rebours, à partir de l'heure à laquelle vous devez franchir le seuil de la porte. N'oubliez pas d'ajouter dès le départ une marge de dix minutes à cette heure du départ pour voir « large ».

Vous déterminerez ainsi l'heure à laquelle il vous faudra vous lever, vous et les enfants, pour que vos matins deviennent sereins.

Réfléchissez enfin, seul ou en famille, à ce qu'un « matin zen et serein » signifie pour vous.

- ✔ Qu'imaginez-vous ? Que pourriez-vous dès aujourd'hui (enfin, dès demain matin) mettre en place pour vous en rapprocher ?
- ✔ Avez-vous gardé une marge dans vos matins pour les bisous et les câlins ? Pour vous souhaiter une belle journée ? Pour jeter un œil sur votre agenda et faire le point sur votre journée ? Pour votre sas de décompression (celui que vous choisirez de mettre en place) entre votre maison et votre travail ?

Là encore, soyez créatif(ve) !

.../...

Revisitez vos fins de journée !

Libre à vous également de définir vos routines du soir, mais en ayant une seule idée en tête : alléger au maximum vos fins de journée ! Commencez également par noter tout ce qu'il vous semble « indispensable » de faire le soir. Posez le tout sur la table et voyez en famille comment vous pourriez faire pour que ce soit le plus facile et le plus fluide possible.

Cadrez dans le temps pour que cela ne vous prenne pas plus de temps qu'il n'en faut et que vous puissiez :

- ✔ décompresser ;
- ✔ passer un peu de temps en famille.

Pensez également à la possibilité d'alterner les tâches un jour sur deux avec votre conjoint(e) (quand vous avez la possibilité de le faire), histoire d'éviter l'ennui et de varier les « plaisirs » !

Le ménage : un peu tous les jours

« Un peu d'astuce et beaucoup de constance ! »

Faites vôtre cette devise pour que le nettoyage de votre maison ne devienne pas une corvée. Parce qu'à chaque jour suffit sa peine, inutile de faire le grand ménage tous les jours, d'ailleurs, vous n'en avez ni le temps, ni l'envie, probablement !

En revanche, ne négligez pas la puissance des petits gestes que nous pouvons facilement accomplir en quelques minutes sans perturber notre agenda.

Déterminez avec précision les petits gestes qui donnent un coup de frais à votre maison le matin et le soir. N'oubliez pas d'inscrire en face de ce geste celui ou celle qui en aura la charge. Cela vous évitera de « réinventer l'eau chaude » chaque jour en vous demandant ce que vous pourriez faire pour vous avancer. Ces petits gestes qui ne prennent pas beaucoup de temps se transformeront rapidement en habitudes, et donc en routines.

.../...

Faites-le sous forme de liste, de tableau, ou encore de *Mind Map*®, plus visuelle et colorée !

Planifier son ménage ?

Déterminez, idéalement à deux ou en famille, le temps que vous choisirez de consacrer au ménage :

✔ Combien de temps pouvez-vous et décidez-vous de consacrer au ménage par jour en semaine ?

✔ De la même manière, combien de temps pouvez-vous et décidez-vous de consacrer au ménage par jour le week-end ?

N'hésitez pas à réserver une partie de votre agenda aux tâches domestiques qui vous incombent. Votre esprit sera beaucoup plus libre et vous n'aurez plus l'impression d'avoir oublié quoi que ce soit. Il vous suffit d'établir un horaire précis et de cadrer vos tâches dans le temps, comme vous savez désormais le faire.

Résultat : vous ne vous sentirez plus dépassé, aucune tâche ne sera mise de côté et votre quantité de travail demeurera raisonnable puisque tout sera bien échelonné dans le temps.

J'ARRÊTE DE PROCRASTINER !

JOUR 13

Et si je télétravaillais ?

Osez réinventer votre cadre de travail

Je suis toujours très étonnée de constater que les travailleurs à domicile (et j'en ai accompagné un certain nombre !) continuent de vouloir travailler et s'organiser de la même manière qu'avant, lorsqu'ils étaient salariés.

Ils passent ainsi à côté d'une grande force : celle de tirer profit de cette nouvelle vie pour imaginer, créer, inventer de nouvelles règles et une nouvelle façon de travailler, à la fois rigoureuse (l'auto-discipline étant essentielle à toute bonne organisation et gestion de son temps) et créative.

Histoire d'avancer, concrètement, en posant des jalons fiables et solides, tout en se faisant plaisir et sans jamais oublier les raisons de son choix.

En réalité, le secret pour s'épanouir lorsqu'on télétravaille est résumé dans ces deux adjectifs : (une façon de travailler) à la fois rigoureuse et créative.

L'entreprise qui nous salarie nous offre, en plus de notre salaire et d'un éventuel statut social, un cadre de travail qui peut être sécurisant et rassurant. C'est elle qui fixe nos horaires de travail, qui décide d'être flexible ou pas avec ces mêmes horaires, qui nous permet plus ou moins de concilier notre travail avec notre vie personnelle, bref qui fixe toutes les règles qui régissent notre travail.

Lorsque vous télétravaillez, ce cadre de travail n'existe pas (sauf dans le cas de certaines activités), et c'est à vous de l'inventer. Le problème est que certains travailleurs à domicile se perdent dans cette absence de cadre ou négligent tout simplement de prendre le temps de poser ce cadre. Pourtant, cette étape est essentielle pour que vous puissiez travailler dans de bonnes conditions et y trouver des sources de satisfaction durables.

Vous êtes à la fois le *big boss*, votre n + 2, votre n + 1, vos collègues, la DHR, le responsable formation, le service compta, le service logistique, etc. Bref, plus que jamais, vous assumez toutes les casquettes. Difficile parfois de s'y retrouver, et donc, de ne pas s'y perdre.

Vous ne pourrez donc pas procéder de la même manière qu'avant et travailler « comme avant ».

→ Par ailleurs, est-ce souhaitable ?

→ Est-ce cela que vous avez cherché en télétravaillant, parfois en ayant sacrifié un salaire stable et mieux garni ?

C'est précisément pour toutes ces raisons que ce mode de vie, il me semble, ne convient pas à tout le monde. Certaines personnes ne sont pas du tout faites pour travailler à la maison. Elles ont besoin du cadre que leur offre l'entreprise qui les salarie, d'avoir des collègues, d'échanger autour de la machine à café ou de partager le repas à la cafétéria, de la stimulation que leur permet le travail collectif, les projets communs, les réunions de service, etc.

Télétravailler nécessite enfin d'être suffisamment autonome et rigoureux pour bien s'organiser, structurer son travail et contourner les difficultés inhérentes au travail à domicile :

- à commencer par une tendance très marquée à la procrastination : comment avancer, même sur ce que l'on n'a pas, mais alors, pas du tout envie de faire ?
- la difficulté à ne pas s'éparpiller, étalement dans le temps ;
- et son contraire, le risque de ne jamais s'arrêter, de travailler non-stop, et donc, d'en faire beaucoup trop ;
- ne plus savoir si on travaille depuis chez soi ou si c'est sa famille qui s'est installée à son bureau, tant les frontières entre la vie professionnelle et la vie familiale sont minces ;
- la difficulté à faire la différence entre les vraies et les fausses priorités ;
- la difficulté à résister à la « tentation » des tâches domestiques (la pile de linge qui nous fait de l'œil, la vaisselle qui ne nous prendra que dix minutes, etc.) ;
- le sentiment d'isolement parfois, couplé à celui de n'avoir jamais l'impression de quitter les murs de sa maison ;

J'ARRÊTE DE PROCRASTINER !

- un sentiment de manque de crédibilité vis-à-vis des autres, y compris des proches, qui ne prennent pas toujours au sérieux votre « activité ».

Se tailler une organisation sur-mesure

Télétravailler vous donne l'occasion, dans la majorité des cas, de vous tailler une organisation sur mesure.

→ En profitez-vous ?

→ Votre organisation vous ressemble-t-elle ?

→ Vous correspond-elle ?

→ Correspond-elle à celui (ou celle) que vous étiez avant, lorsque vous étiez salarié(e) ?

→ Ou encore aux standards que vous vous faites du « bon » travailleur à domicile ?

Pour que votre organisation soit fluide et non contraignante, et donc opérante, elle devra vous ressembler et vous correspondre. Vous seul donc pourrez l'imaginer et la construire de toutes pièces, en partant, bien sûr, de vos impératifs.

Mais n'est-ce pas formidable de savoir que vous avez, là maintenant, à portée de main, cette possibilité et cette liberté d'écrire un nouveau chapitre et de créer de toutes pièces un cadre de travail sur-mesure ?

Pour y parvenir, je vous propose deux étapes simples et transférables à toutes les organisations et modes de vie :

Première étape : j'identifie mes contraintes (et cesse de leur résister)

→ Quelles sont les contraintes spécifiques avec lesquelles vous devez composer dans l'organisation de votre travail ?

Prenez un petit moment pour identifier vos contraintes, celles qui ne dépendent pas de vous et avec lesquelles vous devez, bon an mal an, composer.

Voici là encore une étape incontournable parce qu'il vous faudra construire vos nouvelles règles du jeu autour de ces contraintes… pour pouvoir mieux vous en libérer par la suite.

Pour ma part, par exemple, je dois notamment composer avec des dates de formation qui me sont « imposées » par l'organisme de formation qui me fait intervenir en inter et en intra, dates que je décide néanmoins d'accepter ou pas en fonction de mes disponibilités et de mes envies.

Vous devrez de votre côté et en fonction de la nature de votre activité ou de votre travail composer avec des échéances strictes (je pense notamment aux experts-comptables ou comptables qui exercent en libéral), avec vos clients (*a fortiori* quand vous les recevez à domicile), avec des délais de livraison ou de réapprovisionnement de votre matière première, etc.

Comme pour la pratique de l'aïkido ou d'autres arts martiaux, il s'agit de combattre en utilisant la force de l'adversaire. Il ne s'agit donc pas de « lutter contre », mais bien d'accompagner et de « faire avec ». C'est un état d'esprit complètement différent qui vous libérera d'une impression de devoir toujours lutter et vous donnera un sentiment de plus grande maîtrise, tout en économisant au maximum votre énergie si précieuse au quotidien.

Il est donc question, dès maintenant, de lâcher prise et de gestion d'énergie. Mais là encore, nous y reviendrons longuement au cours de la semaine 3.

La rigueur et la méthode qu'exige le travail à domicile, mais tout autre organisation de travail également, commencent par la prise en compte de ces impératifs qui vous sont propres. Ne les négligez pas, faites-en sorte de bien les avoir en tête et construisez votre organisation à partir de ce point de départ.

Seconde étape : je définis mes propres règles du jeu

Et après, serais-je tentée de vous dire, c'est à vous de décider ! C'est vous qui avez la main, c'est vous qui distribuez les cartes.

C'est à vous, et à vous seul, de décider de vos propres règles du jeu.

- → Avez-vous décidé des horaires que vous ferez ?
- → Avez-vous décidé que vous ne répondiez pas, par exemple, aux e-mails à partir d'une certaine heure ou que vous ne répondiez pas à vos clients le week-end ?
- → Avez-vous décidé au contraire que vous travailleriez le week-end mais dans certaines conditions et à des moments précis ?
- → Avez-vous décidé du type de personnes avec lesquelles vous souhaitiez travailler (clients, prestataires, partenaires, etc.) ?

Bon, je m'arrête là, vous avez compris le principe, et en dehors de vos contraintes, presque tout est possible. Pour preuve, je mettrais ma main à couper que nous avons tous une façon différente d'aborder notre travail au quotidien.

Les questions que je vous pose aujourd'hui sont les suivantes :

- S'agit-il de choix conscients, construits, réfléchis ou votre façon de travailler s'est-elle façonnée au fil des jours, un peu par hasard, un peu par habitude, en tentant de reproduire vos anciens schémas de salarié ou d'étudiant ?
- À quelles règles du jeu obéissez-vous aujourd'hui ? Quelles sont les règles du jeu que vous avez déjà, plus ou moins consciemment, définies ?

Prenez le temps d'y réfléchir et de les lister.

Pour chaque règle du jeu identifiée, demandez-vous si cette règle est toujours opérante aujourd'hui ou si au contraire il y a lieu de la faire évoluer.

Enfin, identifiez les domaines dans lesquels vous n'avez pas défini de règles du jeu du tout.

- En quoi cette absence de règles vous pénalise-t-elle aujourd'hui ? Pour quelle(s) raison(s) ?

Vous l'avez compris, définir de nouvelles règles du jeu ne se fait pas en un tour de main et nécessite d'y consacrer du temps, de la réflexion, de prendre du recul.

Néanmoins, j'aimerais que vous puissiez déjà entamer ici ce travail et commencer à poser les bases de votre nouvelle organisation, que vous travaillez à domicile ou non, et à remettre en question certaines (pas toutes) de vos habitudes de travail.

- Quelles nouvelles règles du jeu pourriez-vous mettre en place ?
- Quelles nouvelles règles du jeu vous tenteraient ?

Ne vous mettez pas de limites et osez imaginer telle piste, puis telle autre, revenez à la première, puis retentez autre chose en imagination, un peu comme vous le feriez avec de la pâte à modeler.

Après tout, le créateur, c'est vous, non ?

Je m'autorise à sortir du cadre

Une fois votre cadre posé et vos règles définies (autant vous dire tout de suite qu'il vous faudra prendre le temps qu'il faut pour y réfléchir, et que vous n'y parviendrez pas entre deux coups de fil et en un seul petit quart d'heure), vous vous sentirez plus libre pour sortir du cadre et vous autoriser à travailler dans le plaisir.

Qu'entend-on par « sortir du cadre » ?

Pour reprendre l'exemple de ceux qui télétravaillent, c'est concevoir par exemple que vous seriez bien plus productif en allant faire un tour et vous promener en pleine nature ou en pleine ville (selon votre sensibilité) parce que vous y puiserez l'inspiration qui vous manque pour rédiger votre proposition sur laquelle vous butez depuis trois jours.

C'est aussi décider de procrastiner un après-midi (oui, vous avez bien entendu) parce que vous avez l'énergie d'un mollusque après un repas trop copieux (attention aux repas du déjeuner qui peuvent saper des après-midi entiers !) et que là aussi, vous acharner à travailler serait contre-productif.

Loin de moi l'idée de vous inviter à faire l'école buissonnière à la moindre occasion mais au contraire à gérer votre activité et votre énergie en conscience, de façon délibérée et réfléchie.

Plus vous aurez posé un cadre qui permettra notamment de vous adapter aux contraintes qui sont les vôtres, plus vous pourrez vous permettre de travailler en respectant votre nature, votre personnalité, vos besoins, et au-delà vos envies, vos aspirations et votre créativité.

L'agenda à trois temps

L'agenda à trois temps est une façon originale et créative de planifier son travail, et donc son temps, et qui convient bien aux entrepreneurs qui peuvent, *a priori*, organiser leur temps comme ils le « souhaitent ».

J'ai découvert l'agenda à trois temps il y a quelques années déjà, au hasard de l'une de mes lectures (Paul-Gérald Farmer, *Raccourci vers la réussite*[1])

1. Éditions Un Monde différent, 2011.

et je le cite parfois en exemple quand j'anime un atelier pour les indépendants qui télétravaillent et qui souhaitent optimiser leur organisation dans un seul but : démontrer qu'il est possible de concevoir l'organisation de ses journées, et donc, de son travail, de manière différente.

Le principe de l'agenda à trois temps est simple. Il est composé de trois journées : les journées libres ; les journées d'action ; les journées de préparation.

Les journées libres

C'est une journée qui commence à minuit et qui se termine à minuit. Pendant ce temps-là : je ne pense pas business ; je ne parle pas d'affaires ; je ne lis pas sur mon entreprise ; je ne passe aucun appel lié à mon entreprise ; je n'accepte rien de plus ; mon entreprise n'existe plus pendant 24 heures. Parce que le corps et l'esprit ont besoin de repos pour être efficaces.

C'est ce qu'on appelle communément... « déconnecter », n'en déplaise aux accros au boulot !

Les journées d'action

Elles s'inscrivent après les journées libres car plus j'aurai profité de mes journées libres, plus mes journées d'action seront profitables.

Une journée d'action est celle où je consacre 80 % de mon temps aux activités principales qui me permettent de gagner de l'argent et de développer mon entreprise.

Pendant cette journée d'action intense, je ne me laisse pas déranger, je me concentre sur mon entreprise et je me concentre sur les résultats.

Les journées de préparation

Le seul rôle de ma journée de préparation consiste à préparer mes journées libres et mes journées d'action.

Ce sont des moments privilégiés pour la réflexion et la planification de mes activités, autant dans le domaine personnel que professionnel.

Bien évidemment, cet exemple concerne ici les entrepreneurs mais le principe (celui d'imaginer une organisation de ses journées différente et plus créative) peut être transposable à toutes les activités, à condition que vous ayez une marge de manœuvre et une autonomie d'action suffisantes.

Encore faut-il s'autoriser à sortir du cadre et oser tester, voire inventer de toutes pièces, des façons de faire différentes !

J'ose faire preuve de créativité dans mon organisation de travail !

Bousculez les codes !

Décidez que telle semaine, vous vous consacrerez exclusivement à repenser votre stratégie commerciale, ou que telle journée sera une journée *off* qui vous permettra de recharger les batteries, ou encore une journée sans connexions, sans téléphone ni e-mails, ni réseaux sociaux.

Décidez qu'une demi-journée par semaine, vous travaillerez à l'extérieur, dans un café, ou mieux encore si vous avez la chance de vivre à proximité de la côte, sur une terrasse face à la mer.

Décidez que votre lundi matin sera consacré à l'organisation de votre semaine et à la planification, ou que chaque jeudi midi, vous déjeunez avec une amie, votre « grand », un contact professionnel ou votre « moitié », etc.

Jouez avec cette possibilité qui vous est offerte de vous organiser (presque) comme bon vous semble. Profitez de cette liberté qu'autorise le travail à domicile et dont par ailleurs vous payez le prix en vous sentant parfois isolé et insuffisamment reconnu dans votre travail.

✔ Oserez-vous imaginer d'autres façons de vivre et d'organiser votre travail ?

✔ Oserez-vous mettre de la créativité dans l'organisation de vos journées et réinventer votre cadre de travail ?

Évidemment, dans cet exemple, je m'adresse essentiellement aux personnes qui télétravaillent mais le principe est applicable à la grande majorité des organisations de travail : il est à portée de chacun, au travail comme à la maison, de faire preuve de créativité en sortant du cadre, une fois ses contraintes identifiées.

.../...

✔ Que pourriez-vous faire dès aujourd'hui pour « sortir de votre cadre » et faire preuve de créativité dans votre organisation ? Dans votre gestion du temps ? Dans l'organisation de vos journées ? Dans la gestion de vos tâches ? Dans votre façon de travailler ?

Faites preuve d'imagination et, surtout, faites-vous plaisir !

JOUR 14

Je fais place nette dans ma tête et autour de moi !

> « La chance
> ne sourit qu'aux esprits
> bien préparés. »
>
> **Louis Pasteur**

Je me mets en état de disponibilité intérieure

Une question d'état d'esprit

Notre état d'esprit au moment de passer à l'action est capital. Il détermine à la fois la rapidité avec laquelle nous nous apprêtons à « entrer en scène » et la qualité de ce que nous allons produire.

Un état d'esprit fermé, réfractaire à l'action (quelle qu'en soit la raison, bonne ou mauvaise), stressé face à la perspective de ce qui nous attend ou encore peu confiant en notre capacité d'y parvenir, ne nous permet pas d'aborder notre tâche dans les meilleures conditions.

A contrario, un état d'esprit ouvert, disponible et confiant nous assurera, à coup sûr, une réalisation à la fois plus facile, plus fertile et plus agréable.

Sondez votre état d'esprit et vérifiez simplement que vous êtes véritablement « prêt » pour l'action dans laquelle vous vous engagez.

Attention, être prêt ne veut pas dire non plus « être au taquet ». Être prêt s'appuie davantage sur un ressenti de disponibilité intérieure, de confiance et d'ouverture sans *a priori* à l'expérience que vous vous apprêtez à vivre.

J'ARRÊTE DE PROCRASTINER !

Et si cet état d'esprit de disponibilité intérieure n'est pas là ?

Philippe Gabilliet, auteur de *L'éloge de la chance*[1], nous explique que « pour qu'un événement se révèle être une véritable chance, il nécessite un état d'esprit propice. Le premier volet de cet état d'esprit est l'intention, qui conduit à préparer, à programmer le terrain mental de la chance à venir. Mais il est un second volet, tout aussi important, et que l'on pourrait qualifier d'attention vigilante ou de disponibilité intérieure ».

La sérendipité, « ces découvertes inattendues faites grâce au hasard et à l'intelligence », est cette capacité que nous avons tous à trouver en permanence et par hasard des choses que l'on ne cherchait pas initialement.

Face aux événements rencontrés par hasard, c'est bien la disponibilité intérieure et l'ouverture aux possibilités qui vont favoriser l'apparition d'opportunités aux yeux de celui qui vit l'événement. La sérendipité devient presque, selon Philippe Gabilliet, un effet collatéral de la disponibilité intérieure.

Lorsque cet état d'esprit nous fait défaut, nous pouvons pratiquer la stratégie du *switch* chère à certains préparateurs mentaux d'athlètes de haut niveau. Il s'agit, selon le psychologue sportif Guy Missoum, de cette « capacité qu'ont certains grands champions de passer rapidement d'un état mental extrême à un autre ». Cette stratégie de flexibilité psychologique « conduit le gagneur à s'adapter en permanence, et très rapidement, aux fluctuations permanentes des situations et du milieu ».

D'ailleurs, avez-vous déjà remarqué combien un seul mot, une seule pensée, une émotion ressentie à la vue d'une image et qui appelle un souvenir, peut instantanément modifier notre état d'esprit, dans un sens comme dans l'autre, et impacter notre façon de voir les choses ?

Cherchez en vous une occasion de *switcher* et de modifier votre état d'esprit en sondant votre discours intérieur :

- Que vous racontez-vous en cet instant à propos de votre passage à l'action ?
- Votre discours est-il fondé ?
- Est-il possible que vous vous trompiez, que vous nourrissiez une vision déformée de la réalité, que vous exagériez ?

1. Saint-Simon, 2012.

→ Ce discours vous sert-il ? Sert-il vos intérêts ou au contraire vous met-il des bâtons dans les roues inutilement ?

En mettant votre discours intérieur à l'épreuve d'une plus grande objectivité, vous vous donnez l'opportunité d'appréhender votre action à venir de façon plus confiante et de vous ouvrir à d'autres possibles jusque-là non imaginés.

Je mets en place les conditions de ma réussite

Quand je lis cette simple phrase : « je mets en place les conditions de ma réussite », je remarque d'emblée trois notions clés.

Mettre en place renvoie à la notion d'agir. Elle nous invite à reprendre la main et à devenir acteur de notre vie. Ce verbe a pour synonyme « établir », du latin *stabilire*, qui signifie « affermir », et *stabilis*, qui signifie « stable ».

Conditions : lesquelles ? Les conditions, internes (qui relèvent de moi) et externes (qui relèvent des autres ou du contexte extérieur), sont-elles favorables à ma réussite ?

Réussite : laquelle ? Celle que j'aurai, évidemment, pris le soin de définir en amont.

Avant de vous lancer bille en tête dans le projet que vous avez à cœur de réussir, quel qu'il soit, accordez-vous le temps nécessaire (sans que cela devienne, on est d'accord, un prétexte de plus pour différer votre mise en mouvement) pour faire le point :

- sur tous les éléments (internes/externes) qui vont vous aider à réussir ;
- sur vos ressources (intérieures mais également liées à votre environnement), vos moyens et vos marges de manœuvre (dans l'agencement possible de votre emploi du temps, d'un soutien extérieur, etc.) ;
- sur vos contraintes (comme évoqué lors de la précédente journée) et vos obstacles potentiels (internes / externes) pour anticiper et vous donner les moyens, le cas échéant de mettre en place des parades.

Comme dit l'adage, un homme averti en vaut deux ! Ne restez pas dans le déni de difficultés éventuelles à venir et osez les confronter avec courage, confiance et détermination.

À vous ! Et si 30 secondes pouvaient suffire pour passer à l'action ?

Inspirez-vous d'une astuce conseillée aux étudiants par André Giordan, docteur en sciences de l'éducation, professeur, et Jérôme Saltet, dans leur livre *Apprendre à apprendre*[2] et dont le but est de faciliter notre passage à l'action : « trente secondes pour se mettre en action ».

« Pendant trente secondes, pas plus, représentez-vous la tâche à réaliser. Imaginez-vous en train de travailler, ce qui vous permet de vous concentrer et de démarrer. Il faut aussi vous mettre à l'esprit le but du cours ou du travail à réaliser. »

Pourquoi ?

Vous visualiser ainsi en pleine action va vous aider à vous mettre en marche et à gagner en efficacité. C'est simple et ça marche !

Je prépare mon corps au mouvement

J'apprends grâce aux neurones miroirs

Notre cerveau est constitué d'au moins de cent milliards de neurones. Et parmi cette multitude, il en existe une espèce particulière qui permet au cerveau d'ordonner au corps tous les gestes dont celui-ci est capable : ce sont les neurones moteurs, sortes de microcircuits capables de commander n'importe quelle action au corps. À chaque geste, chaque action, comme se lever, tourner la tête ou claquer des doigts par exemple, correspond un ensemble de neurones spécialisés.

Chez les singes, des neurones moteurs d'un genre un peu particulier ont été mis en évidence : les neurones miroirs, dont on pense – sans en avoir de preuve directe – qu'ils existent de la même façon chez l'homme. Ils permettraient en réalité de se voir agir à la place de l'autre, comme dans un miroir, un phénomène neurologique qui serait à l'origine d'un apprentissage « par imitation ». Ces neurones pourraient également être impliqués dans notre capacité d'empathie et notre compréhension des autres, nous permettant de mieux appréhender leur comportement.

2. Éditions 84, 2011.

Je visualise ma mise en mouvement

En 2007, le professeur Jean-Michel Oughourlian, *via* l'association Recherches mimétiques, présente les dernières études sur les neurones miroirs. Ce dernier résume ainsi le concept des neurones miroirs : « Lorsque l'on se regarde entre alter ego, nos cerveaux sont en miroirs. C'est comme s'ils étaient branchés, ou, en d'autres termes, en *wifi* ou en *bluetooth* ! »

Grâce à l'imagerie cérébrale fonctionnelle, on a pu vérifier l'hypothèse selon laquelle certaines régions du cortex cérébral s'activent lorsqu'un individu fait une action et s'activent de la même façon lorsqu'il observe un autre individu exécuter une action approchante.

Cette hypothèse a donné lieu très rapidement à des applications pratiques. Les athlètes blessés, n'ayant pas la possibilité de s'entraîner, bénéficient aujourd'hui d'un nouveau type de coaching : ils regardent d'autres sportifs (ou se regardent) sur des vidéos afin d'activer les zones cérébrales leur permettant de ne pas « perdre » d'un point de vue neurologique leurs aptitudes, voire de parfaire leur technique. Le cerveau et les neurones miroirs travaillent tandis que le corps récupère pour mieux le préparer à l'action.

De la même manière, il est prouvé que le cortex cérébral est autant stimulé par la visualisation que par une situation réelle, ce dernier ne faisant pas la différence entre ce qui est réel et ce qui est imaginé. Un appétissant moelleux au chocolat posé devant vous ou le même gâteau visualisé aura une réalité identique pour votre cerveau !

Quand vous visualisez, vous activez le cerveau par des images. Cependant, vous ne sollicitez pas seulement la « vue » : vos autres sens sont, eux aussi, mis en éveil. Visualiser stimule ainsi autant votre corps que votre esprit et vous ouvre à un état de conscience propice à l'action.

Vous mettrez donc plus facilement votre corps en mouvement en visualisant, geste après geste, votre mise en mouvement. Rassurez-vous, vous le faites déjà spontanément quand vous vous dites : J'ai « pré-vu » d'organiser un repas entre amis, de prendre un billet pour Madrid, etc. Immédiatement, vous activez votre imagination : vous mettez en scène les diverses façons d'agir, les éventuels obstacles, vous réfléchissez au moyen de les contourner et d'atteindre votre objectif.

Je teste la technique de la remémoration

Le processus de remémoration grâce à la mémoire sensorielle est un moyen inédit et très puissant, théorisé récemment par Daniel Barret, producteur, musicien et coach, et Joe Vitale, auteur de nombreux best-sellers sur la célèbre loi de l'attraction.

Il consiste à imaginer que son objectif s'est déjà réalisé et que beaucoup de temps s'est écoulé depuis. La technique de la remémoration nous invite simplement à nous « souvenir » de la sensation d'excitation que nous avons ressentie lors de cette réussite et des actions précises comme des conditions qui nous ont conduites à cette réalisation.

C'est comme si vous étiez transporté dans un avenir lointain, bien au-delà de la réalisation de votre objectif, et que vous tentiez maintenant de vous rappeler comment vous l'aviez atteint.

Sa pratique demande un peu de gymnastique mentale, j'en conviens, car il s'agit de se projeter dans un futur lointain afin de nous rappeler d'un futur moins lointain, mais pour l'avoir testé à différentes reprises, je peux attester qu'elle fonctionne et qu'elle permet d'appréhender un événement futur en se délestant (au moins en partie) de la pression et des doutes qui accompagnent souvent la perspective d'atteindre un objectif, puisque… cet événement a déjà eu lieu dans le futur !

Je fais place nette

Je crée un environnement propice à la réussite… et au travail !

Mais se mettre en état de disponibilité intérieure ne suffit pas toujours pour favoriser le passage à l'action. Il importe tout autant de veiller à créer autour de soi un environnement propice à la réussite… et au travail !

Se sentir bien dans son espace de travail, que vous soyez à la maison ou au bureau, implique que vous ayez pris le temps de définir l'environnement de travail dans lequel vous souhaitez travailler.

Osez, si vous pouvez vous l'autoriser, investir dans un bureau qui vous inspire. C'est votre centre névralgique. Vous y passez et passerez beaucoup de temps. Il doit vous inspirer et vous donner envie d'aller vous y installer.

Ce qui n'empêchera pas par ailleurs que vous choisissiez, de temps en temps, de vous « expatrier » à l'extérieur ou dans tout autre lieu qui stimulera votre créativité, ou, si vous travaillez de chez vous, de vous installer sur la table de la cuisine, sur la terrasse en plein soleil, etc.

L'investissement à ne pas négliger : la chaise de bureau, si possible ergonomique et de qualité, pour éviter problèmes de dos et mauvaises positions. Pensez à acheter un repose-pieds pour vous soulager si vous en avez besoin.

Faites le point également sur la luminosité et équipez-vous d'une lampe de bureau : un éclairage de 450 lux minimum est préconisé par la médecine du travail. La norme européenne (NF EN 12464-1) conseille, elle, jusqu'à 500 lux pour le travail sur écran ou la lecture.

Généralement, les plafonniers fluorescents envoient 200 à 300 lux. L'utilisation d'une lampe de bureau d'appoint est donc indispensable pour travailler dans des conditions de travail acceptables et ergonomiques.

Idem pour votre écran. Équipez-vous d'un écran loupe ou écran grossissant pour votre confort visuel si votre vue le nécessite.

Bref, ne négligez aucun détail, rien n'est anodin et devenez, contre toute attente, votre propre responsable de prévention !

Chouchoutez votre espace de travail

Aménagez votre bureau avec le même soin que votre appartement ou votre maison. Investissez votre espace, réappropriez-vous votre cadre de travail !

Débarrassez-vous de tout ce qui ne vous plaît pas, que vous avez récupéré par défaut ici ou ailleurs, les vieilles bannières en plastique grises toutes moches et qui vous sortent par les yeux, ce vieux pot en plastique (non, je n'ai rien contre le plastique !) si triste, et ce poster tout délavé dont vous ne vous souvenez même plus comment il a pu arriver sur votre mur...

N'acceptez *que* ce qui favorise, au seul regard, une sensation agréable.

Mettez-y de la couleur (si vous aimez la couleur, bien sûr) ou créez au contraire un environnement épuré, sobre, dans lequel cohabitent deux couleurs maximum (le blanc par exemple, parsemé de petites touches de couleur ici et là) et qui va favoriser le recentrage sur vos priorités.

Vos boîtes de classement ou vos chemises, dossiers et autres papeteries, certes, sont sur votre bureau ou sur votre étagère pour remplir leur fonction première : vous aider à trier, classer, hiérarchiser, organiser mais ils n'ont pas nécessité d'être tristes et moches !

Le reflet de qui vous êtes

Vous vous sentirez bien dans votre bureau à condition que ce dernier vous ressemble et reflète à la fois votre personnalité (par essence unique) et votre activité. L'espace de travail d'une blogueuse culinaire ou mode ne sera pas le même que l'entrepreneuse qui développe une activité de secrétariat à distance, ou encore celui de la créatrice fait main qui s'épanouira parmi ses fils, ses rubans, ses papiers colorés et ses accessoires !

Je mets de l'ordre dans le désordre

Équipez-vous en bon matériel : avant de commencer, faites le point sur votre stock de fournitures.

Facilitez-vous la vie en attribuant par exemple un code couleur par grand domaine : gris pour tout ce qui a trait à la maison, rouge pour tout ce qui a trait à la voiture, orange pour tout ce qui a trait à la santé, jaune pour tout ce qui a trait aux activités extrascolaires, bleu pour les vacances, etc. pour ce qui concerne vos courriers administratifs personnels.

Vous gagnerez du temps en accédant aux bons dossiers d'un seul coup d'œil.

Faites en sorte, enfin, que votre bureau soit propre, net (sans poussières), rangé le plus souvent possible, et agréable à regarder. Quand votre vue est dégagée, votre esprit est dégagé. Un bureau net incite, nous l'avons tous déjà expérimenté, au travail.

Je rationalise mon espace de travail

Lorsque vous êtes assis à votre bureau, vous devez avoir accès à 80 % des informations dont vous avez besoin et pouvoir faire 80 % des tâches qui composent votre activité sans vous lever.

Assurez-vous que le matériel indispensable est à portée de main, profitez-en pour mettre de l'ordre dans vos tiroirs.

Tout est-il à sa place, facile à trouver et en état de marche ?

Procurez-vous des bannettes pour le courrier entrant et sortant ainsi que pour les dossiers en cours. En début de journée, révisez votre agenda et disposez tous les dossiers sur lesquels vous allez travailler sur un coin de votre bureau.

Faites de votre bureau un véritable instrument de votre efficacité et non pas une contrainte à surmonter.

Adaptez la disposition des meubles et le système de rangement à votre activité quotidienne, en vous basant sur une analyse objective.

Je deviens un pro du classement

Oser parler de classement à un procrastinateur est osé, si ce n'est hautement risqué ! Le décrochage définitif n'est pas loin. Et pourtant, je prends le risque car le classement de ses documents, au travail comme à la maison, est typiquement l'une des tâches que l'on procrastine en premier. Le classement, mal aimé de tous, considéré comme LA tâche ingrate par excellence, tout juste digne d'être déléguée à la dernière stagiaire arrivée, est d'une importance capitale.

Mais qui donc a eu la méchante idée de se lever un matin et d'inventer un jour une tâche aussi inutile ?

Allez, ressaisissez-vous, un peu d'attention s'il vous plaît ! Pourquoi, à votre avis, classons-nous ?

- Pour pouvoir instantanément retrouver une information au moment où on en a besoin ou on nous le demande.
- Pour permettre aux autres (le cas échéant) de pouvoir retrouver une information facilement en notre absence.

Car c'est véritablement au quotidien que s'éprouve la qualité d'un classement. Un classement est efficace s'il permet à l'autre de retrouver rapidement l'information recherchée.

Mettre en place un classement efficace suppose de concevoir une organisation de l'information qui tienne compte des logiques individuelles des différents protagonistes et les satisfasse.

Nous avons tous un jour été victime d'un mauvais classement. Perte de temps, mauvaises décisions, énervement et impuissance sont les conséquences d'un classement dépassé ou trop personnel.

Nous avons tous aussi été un jour cause de désordre : emprunts de documents, retard dans la réponse, déplacement de dossiers sans mise à jour des étiquettes, entassement des affaires en cours. L'enlisement est vite arrivé !

Le classement, au fond, c'est de la communication. Bien classer nécessite une bonne dose d'empathie, c'est-à-dire de capacité à se mettre à la place de l'autre. En effet, chacun d'entre nous a une logique de classement et de recherche qui lui est très personnelle.

Je m'organise autour de ma logique de classement

Chacun d'entre nous a une logique de classement et de recherche qui lui est très personnelle.

Votre classement doit être le reflet de vos circuits neuronaux. Il doit refléter la façon dont vous avez choisi de structurer votre activité dans votre cerveau : préférez-vous accéder à vos dossiers par clients, par types d'activités, par projets, etc. ?

Votre logique de classement devra se retrouver indifféremment dans :
- vos dossiers physiques ;
- votre ordinateur ;
- votre messagerie professionnelle.

Gardez à l'esprit que la clarté que vous mettrez dans l'organisation de vos dossiers, qu'ils soient virtuels ou physiques, aura un réel impact sur votre efficacité.

Je l'ai récemment éprouvé, il y a quelques mois, quand j'ai pris le temps de faire le tri et de réorganiser les documents que j'avais accumulés sur ma super-clé USB qui me suit partout et qui fait office de bureau nomade.

Mes documents avaient fini par s'y « empiler », avec de nombreux dossiers en doublon, mal classés, dont certains n'étaient même plus d'actualité. Tout ceci ne correspondait plus à mon activité.

Un jour, j'en ai eu marre et j'ai consacré une après-midi entière à tout reprendre, à réorganiser et à classer ces dossiers en fonction de ce qu'était devenue mon activité à ce moment-là. Cela m'a pris du temps mais je peux vous assurer que j'en ai gagné beaucoup par la suite. J'y ai immédiatement gagné en clarté et en productivité, et ce, toutes les fois où j'ouvrais cette fameuse clé. C'est comme si, en l'ouvrant, j'empruntais une autoroute toute tracée !

L'impact a été immédiat et durable, comme un « double effet *Kiss Cool®* » !

Et ce, avec une simple clé USB ! C'est ce même effet que doit vous procurer un classement optimal, dans votre ordinateur, sur votre bureau même, dans vos étagères, tiroirs, etc.

Encouragez-vous en rendant la tâche agréable

Classer peut être considéré par nombre d'entre nous comme une véritable corvée ! Pourtant, nous l'avons vu, c'est une tâche incontournable et sur laquelle on ne peut pas faire l'impasse. Autant se « mentaliser » et transformer cette « épreuve » en moment « relativement » agréable.

Comment ?

- D'abord, en ritualisant ce moment : vous pouvez par exemple choisir de vous y consacrer dix-quinze minutes (parfois cinq peuvent suffire) chaque soir avant de quitter le bureau. Vous pouvez également choisir de vous réserver une plage définie et si possible fixe chaque semaine pour le classement, par exemple une heure le vendredi de 17 h à 17 h 30, histoire de terminer la semaine en étant à jour.
  Pour votre administratif perso, même combat ! Libre à vous d'y consacrer une demi-heure par semaine le lundi en soirée par exemple, ou bien une heure le vendredi matin à 9 h, en fonction de vos disponibilités et du retard accumulé en la matière. Si vous êtes à jour, un quart d'heure à une demi-heure par semaine pour trier, traiter et classer vos papiers devraient suffire.
- En vous préparant un bon thé ou un bon café avant de commencer.
- En mettant une musique qui vous plaît.

- En commençant, tout simplement. Faire le premier pas, est-il nécessaire de le rappeler, est souvent le plus difficile. Une fois que l'on a commencé, on se rend compte que ce n'était finalement pas si terrible que ça (ni si désagréable) et que cela ne valait pas le coup de reporter depuis plus de cinq mois et d'accumuler un mètre de pile de papiers.
- En vous y mettant régulièrement : il vaut mieux en faire un peu chaque semaine pour traiter et classer, que deux jours entiers tous les six mois.

Quelques règles pour organiser et « faire vivre » son classement

Éliminez et rangez : soyez impitoyable !

Maintenant que votre nouvelle organisation est structurée (n'est-ce pas ?), fixez une ou plusieurs journées, selon le volume de documents, que vous consacrerez exclusivement au classement (et à l'archivage). Pour commencer, videz le tiroir ou le rayonnage dont vous vous servez le plus souvent.

Pour chaque document qu'il contient, posez-vous ces questions :

→ Est-il vraiment utile ?

→ Depuis combien de temps ne l'avez-vous pas consulté ?

→ Est-ce que vous pouvez le détruire ?

Soyez intraitable car un des obstacles majeurs pour retrouver ce que vous cherchez, c'est précisément l'accumulation de papiers sans intérêt.

Une affaire classée n'est pas une affaire enterrée

Tout au contraire, rangée à sa place, l'affaire en question saura répondre au quart de tour à toute sollicitation. À l'inverse, une affaire non classée a toutes les chances d'être en réalité un dossier enfoui ; des papiers dispersés seront non disponibles au moment voulu.

Tout dossier emprunté s'appelle « Reviens ! »

Pour participer à une réunion ou examiner une matière complexe, il est possible d'emprunter un dossier. Cependant, il faut laisser à sa place une fiche permettant de le retrouver… et ne pas tarder à le remettre en place enrichi du résultat de la réunion ou de la réflexion.

C'est au quotidien que s'éprouve la qualité d'un classement

Pour garder la confiance de tous dans le classement, il faut que les informations soient constamment à jour. Cela suppose un entretien quotidien, ou à défaut hebdomadaire, qui passe par du tri, du rangement et des « purges ». Chaque chose doit avoir une place et y être !

Je fais le point sur mon classement

Profitez de cette journée pour faire le point sur la façon dont vous « vivez » le classement, au travail comme à la maison. Peut-être vous manque-t-il quelque chose pour gérer vos papiers plus sereinement, et surtout plus régulièrement ? Faites le tour de la question une fois pour toutes !

- ✔ De quoi s'agit-il ? De temps ? D'un espace de travail net et organisé ? D'une organisation qui vous convienne ? De fournitures plus gaies ? D'une périodicité et d'une plage horaire fixe ? De la motivation ? De l'envie ? De plus de récompenses ? D'un petit coup de pouce ?
- ✔ À votre avis, qu'est-ce qui pourrait vous motiver davantage et vous permettre, si cette tâche vous rebute, de vous y mettre avec plus d'entrain, voire (osons !) d'y trouver du plaisir ?

SEMAINE 3

Je passe sereinement à l'action

J'ARRÊTE DE PROCRASTINER !

JOUR 15

J'identifie mes sources de distraction

Je prends conscience de ma tendance à papillonner

Mails, réseaux sociaux, notifications en tous genres, information surabondante, nous ne savons plus où donner de la tête ! Avec ces « armes de distraction massives », tout semble fait pour capter notre attention et nous distraire, précisément, de « notre objet d'attention ».

Considéré par certains comme le mal du XXIe siècle, le manque d'attention, appelé également le « syndrome de déconcentration », affecte aujourd'hui la majeure partie d'entre nous : inattention, distraction, dispersion, *zapping*, *multitasking*, difficulté à se concentrer, problèmes de mémorisation, erreurs d'interprétation, il nous est devenu difficile, au travail en particulier, de rester centré sur la tâche que nous nous sommes fixée.

À tel point que désormais, parce que sursollicitée de toutes parts, notre attention vaut de l'or ! À l'ère de Google®, notre attention est devenue une valeur monnayable, et déjà largement monnayée. Publicitaires, médias et réseaux sociaux se l'arrachent. Un chercheur prédit d'ailleurs qu'un jour, nous nous ferons payer pour regarder.

Yves Citton, l'un des premiers spécialistes français en la matière, pousse même un cri d'alarme dans son livre *Pour une écologie de l'attention*[1] : « Nous avons urgemment besoin d'une écologie de l'attention ».

Preuve en est le nombre croissant des *phubbers*, dans les restaurants, les cafés et les lieux publics ! Le *phubbing*, néologisme anglais formé à partir

1. Éditions du Seuil, 2014.

de *phone* (« téléphone ») et de *snubbing* (« snober », « repousser ») et qui peut se traduire par « télésnober », est l'acte d'ignorer des personnes physiquement présentes en consultant son téléphone plutôt que de communiquer avec elle.

Nous avons tous pratiqué au moins une fois ce comportement, pourtant considéré comme antisocial et non respectueux des personnes avec lesquels nous partagerons un moment (sensé être) d'échange et de partage.

Déconnecter des outils qui clignotent relève désormais d'un véritable défi personnel, en tous les cas d'un choix fait en conscience. C'est l'expérience qu'a menée Pierre-Yves Labbé, réalisateur, dans un documentaire diffusé en février 2015 sur Canal +, *Digital Détox*.

Le saviez-vous ? 78 % des Français se connectent avant de dormir et 75 % le font dès le réveil (c'est d'ailleurs leur premier geste du jour !).

Cette hyperconnexion a modifié nos structures cérébrales en influant notamment sur notre façon de traiter l'information et engendre des problèmes de concentration et de mémoire. Or, contrairement à ce que nous pourrions croire, la technologie n'est pas mauvaise en soi, c'est l'usage que nous en faisons qui est préjudiciable.

En redevenant maîtres de l'objet de notre attention, en choisissant de notre plein gré les contenus sur lesquels nous souhaitons la porter, nous possédons une arme formidable que nous pouvons mettre au service de nos projets.

Je m'offre une *digital détox*

Êtes-vous en *digital détox* ? Faites-vous partie des 62 % de Français qui ont envie de se déconnecter (étude Havas Media®, septembre 2012) ? Et de quoi parle-t-on au juste ?

Selon l'étude *Digital détox – Tendance déconnexion* de l'agence Dagobert (février 2013), « les *digital détox* sont des personnes qui ressentent l'envie de se déconnecter par besoin de renouer avec la « vraie vie », peur d'être accro, déjà droguées au Web ou juste devenues anti-Internet par lassitude, les raisons sont nombreuses et poussent un grand nombre de personnes à la déconnexion ».

Même les ados, ultra-connectés par excellence, s'y mettent. Je viens d'ailleurs d'apprendre un peu par hasard que ma grande fille de 17 ans vient de désactiver son compte Facebook®. Surprise et curieuse de sa démarche (alors même que je rédige ces quelques mots), je suis allée lui demander les raisons de cette soudaine déconnexion et je vous livre ici sa réponse on ne peut plus laconique : « Parce que ça me saoulait. » Soit. Dubitative, j'oscille entre fierté et méfiance.

Les accrocs au portable, qui confondent leur dernier smartphone avec leur doudou, ont désormais leur nom : ce sont des « nomophobes ». Autre néologisme apparu au Royaume-Uni il y a quelques années, la « nomophobie » touche principalement les personnes – et elles sont nombreuses – qui ne supportent pas d'être privées de leur téléphone portable.

Les accros aux réseaux sociaux sont quant à eux victimes d'un autre type de syndrome : le syndrome FOMO (*Fear of Missing Out*), littéralement la peur de manquer quelque chose.

Quelques pistes pour déconnecter

Déconnectez-vous ! Ou comment rester soi-même à l'ère de la connexion généralisée ? Voici la proposition bienvenue de Rémy Oudghiri, dans son livre paru en mars 2013 aux éditions Arléa, livre que je vous invite vivement à lire si le sujet vous intéresse.

Rémy Oudghiri, directeur du département Tendances & Insights à l'institut Ipsos, expert en prospective, dirige des études sur l'évolution des valeurs, des modes de vie et de consommation dans les sociétés contemporaines.

Avec son livre *Déconnectez-vous !*, il nous invite à temporiser, à remettre de la mesure, de la modération dans notre rapport aux nouvelles technologies.

Et c'est bien de cela dont il est question ! Il ne s'agit pas de tourner le dos aux nouvelles technologies mais bien de trouver le juste équilibre. Il suffit parfois de pas grand-chose pour reprendre la main.

D'abord, mettez-vous tout simplement à l'écoute de votre ressenti !

Il se peut en effet que vous soyez ultra-connecté et que cela ne vous pose aucun problème. Une addiction assumée et consentie et qui finalement ne gêne personne.

En revanche, quand cette hyper-connexion devient subie, quand elle envahit votre vie professionnelle, personnelle, familiale, qu'elle vous empêche de profiter pleinement de vos enfants ou de vos proches, qu'elle vous donne le sentiment de « perdre » du temps, quand vous commencez à vous sentir oppressé, stressé, angoissé à l'idée de rater une info, zapper un nouveau contenu, un nouveau post, un nouveau billet, une nouvelle vidéo, il est temps de réagir et de prendre de la distance avec le virtuel.

Commencez petit

Commencez par vous déconnecter quelques jours (quelques heures ?) et appréciez-en les bienfaits. Ils sont immédiats : les outils numériques nous placent en situation continue d'hypervigilance.

Le fait même de se déconnecter une seule journée nous ramène immédiatement au calme et à une forme retrouvée de sérénité (« Comment faisions-nous avant ? »).

Faites le test et osez vous délester de votre portable durant toute une journée (quitte à vous organiser avec vos proches en amont). Vous verrez le bien que ça fait de ne pas être joignable ! Un sentiment de liberté retrouvée, une bouffée d'oxygène qui pourra vous faire prendre conscience de l'impact de cette « laisse électronique » dans votre vie.

Idem pour les réseaux sociaux. Testez d'abord un week-end sans vous connecter et voyez comment vous vous sentez.

Avez-vous raté l'info du siècle en vous reconnectant le lundi qui suit ?

Vos amis, fans ou *followers* vous ont-ils bannis ou oubliés pour vous punir de votre absence de… deux jours ?

Bien évidemment que non.

Autorégulez-vous !

Dans un second temps et si vous avez envie d'aller plus loin, prenez une bonne respiration et faites le point :

- Qu'allez-vous chercher exactement en allant sur Facebook®, ou sur Twitter® ?
- Combien de temps êtes-vous disposé à leur consacrer chaque jour ?
- Quelles sont les notifications que vous décidez de recevoir (ou pas) ?
- Quelles sont les (nouvelles) règles que vous pourriez décider d'adopter ?
- Qu'avez-vous à gagner à réguler vos temps de connexion ? D'un point de vue quantitatif (temps « gagné ») mais aussi et surtout qualitatif…

Bref, vous l'avez compris, libre à vous de réfléchir à la façon dont vous avez envie de vivre les nouvelles technologies : positionnez-vous en conscience !

Faites des choix, testez-les, ajustez-les, jusqu'à trouver le rythme qui vous correspond, cet équilibre dont parlait Rémy Oudghiri plus haut et qui est à notre portée.

Le témoignage de Judith

Cette fin d'année scolaire a été « bérézinesque » et j'étais submergée au niveau de mon boulot, au niveau de la gestion de mes trois enfants et de la maison… et paradoxalement, c'est quand je suis le plus stressée que j'ai le plus tendance à me connecter, une fuite en quelque sorte pour oublier les turpitudes de la vie réelle… bref, j'ai décidé de me recentrer sur les choses importantes.

J'ai commencé par mettre mon compte Facebook® en sommeil et par supprimer les raccourcis vers mes forums préférés sur mon téléphone (trop tentant sinon), j'ai envoyé une lettre de résiliation à toutes les newsletters qui polluaient ma boîte mail, j'ai réorganisé mes favoris pour ne garder que les plus importants pour moi, et surtout, j'ai désactivé la fonction « notification push » de mon téléphone.

…/…

Très rapidement, je me suis sentie mieux, moins oppressée. Je me connectais une fois par semaine seulement (le week-end) sur mes forums pour prendre des nouvelles de mes copines (et répondre aux posts importants) et j'allais lire mes mails tous les deux ou trois jours seulement (contre chaque fois que je passais devant l'ordi ou chaque fois que mon téléphone m'interpellait d'un impérieux « twouit »).

Au niveau physique, mon sommeil en a été amélioré. Le sentiment d'urgence qui m'habitait s'est estompé. J'ai retrouvé un autre rapport au temps : plutôt que de me précipiter sur mon ordi ou mon téléphone dès que j'avais deux minutes de libre, je restais parfois tranquille à ne rien faire, ou à réfléchir, ou à jouer avec mes enfants.

Comme Judith, pensez à désactiver vos alertes et notifications push qui vous signalent sur votre smartphone que vous avez reçu un nouveau message, qu'untel (que vous ne connaissez pas) a laissé un commentaire sous le post de votre amie ou que votre dernière publication a reçu un nouveau « J'aime »... Pour y parvenir, il vous suffit de modifier vos choix dans les paramètres de votre compte (rubrique notification).

J'apprends à dompter ma messagerie électronique

La pollution attentionnelle atteint aujourd'hui des sommets avec l'avènement des nouvelles technologies : selon l'ORSE (Observatoire sur la responsabilité sociétale des entreprises), près de six salariés sur dix consacrent deux heures par jour à gérer leur boîte mail ; quatre sur dix reçoivent plus de cent messages par jour ; près de sept sur dix disent vérifier leur messagerie toutes les heures mais le font toutes les cinq minutes ; enfin, sept managers sur dix déclarent souffrir de surcharge informationnelle, également appelée « *infobésité* ».

La surinformation, ressentie aujourd'hui par les deux-tiers des cadres en entreprise, serait donc le fait de recevoir plus d'informations qu'il n'est possible d'en traiter sans porter préjudice à l'activité. Un cadre, à titre d'exemple, reçoit aujourd'hui un volume d'informations dix fois supérieur à ce qu'il recevait il y a quinze ans et produit environ 10 % de données de plus chaque année.

Aucune entreprise n'échappe désormais à la surcharge informationnelle. Le développement des nouvelles technologies et l'infobésité croissante ont profondément modifié nos comportements au sein de l'entreprise ainsi que notre rapport au temps.

Tous les salariés, en particulier les salariés cadres, sont aujourd'hui littéralement submergés, inondés sous les e-mails qu'ils ne parviennent plus à maîtriser. Pour tenter de faire face, ils consacrent un temps de plus en plus important à trier et traiter leur messagerie, en arrivant de plus en plus tôt le matin ou en partant de plus en plus tard le soir, voire en les traitant chez eux avant de partir au travail ou le dimanche soir pour bien démarrer la semaine.

Ces nouveaux comportements, cumulés à l'effacement des frontières entre la vie professionnelle et la vie personnelle avec l'usage presque généralisé des smartphones, génèrent ce que l'on nomme aujourd'hui le « technostress » : une pression croissante, ininterrompue et un sentiment continu d'urgence pouvant conduire jusqu'à l'épuisement professionnel.

Les objectifs souvent imposés par les donneurs d'ordres ou les consommateurs obligent l'entreprise à devenir flexible et réactive. Cet environnement externe se traduit dans les organisations par des décisions rapides, laissant sur le bord de la route ceux qui ne sont pas assez « performants » et affaiblissant les salariés qui doivent faire vite, très vite !

Le mail apparaît alors comme un intensificateur et un amplificateur des relations entre collaborateurs au détriment d'une plus grande prise de recul dans les décisions.

Une gestion de l'urgence qui rend les acteurs plus rapidement « sollicitables » !

Face à ce défi majeur en termes de qualité de vie au travail, de nombreuses entreprises se sont organisées en menant une réflexion collective sur l'usage des TIC et leurs modes de communication en interne et en externe, et en adoptant le plus souvent une Charte d'utilisation des outils informatiques et nomades.

Néanmoins, agir individuellement paraît essentiel, voire indispensable, pour reprendre la main sur sa messagerie, se réapproprier la gestion de son temps comme l'organisation de son travail, et maîtriser à son propre niveau le technostress.

Le mail devrait faire l'objet d'un codage systématique, par exemple :
- pour info : information concernant un sujet de l'entreprise qui n'engage à aucune réponse ou action ;
- pour validation : information nécessitant une réponse afin de poursuivre une action, un projet ;
- pour action : réponse importante afin d'effectuer une action.

Optez enfin pour le WACAMA (*WAlk, CAll, MAil*) : pour communiquer, dire, informer !
- En premier lieu, je marche (si ce n'est pas très loin !)
- Sinon, je décroche mon téléphone.
- Et enfin, si cela n'est pas possible, je me résous à envoyer un mail !

Je fais la chasse aux voleurs de temps

Ces activités de substitution qui détournent notre attention

À travers cet exercice tout simple, je vous invite à identifier ce qui aujourd'hui, selon vous, vous fait perdre du temps, de l'énergie et vous détourne de vos priorités. Car vous ne parviendrez pas à atteindre vos objectifs sans limiter les sources de distraction qui vous en éloignent. Répondez sans détour et avec le plus d'honnêteté possible aux trois questions suivantes :

→ Qu'est-ce qui, selon vous, vous fait perdre du temps ?

→ Qu'est-ce qui vous fait perdre de l'énergie ?

→ Quelles sont vos sources d'éparpillement ?

Vous pouvez vous livrer à cet exercice pour votre vie professionnelle mais aussi pour tous les contextes dans lesquels, par exemple, vous avez l'impression de procrastiner.

Y répondre en toute franchise vous permettra de découvrir les principales activités dites de substitution qui vous accaparent et vous empêchent de passer à l'action. On les appelle aussi les activités chronophages

(Facebook® ?) ou encore les voleurs de temps (croqueurs de temps, détourneurs de temps, etc.).

Les identifier n'a pas pour objectif de vous amener à supprimer ces activités que vous aimez mais bien d'avoir conscience du temps qu'elles vous prennent (au détriment de vos priorités).

Vous pourrez ainsi leur attribuer un créneau précis dans votre emploi du temps et vous pourrez vous y consacrer *sans culpabiliser* et sans qu'elles « débordent » sur tout le reste.

En les identifiant clairement, vous pourrez « tricher » avec vous-même et prendre les devants en vous piégeant et en imaginant toutes sortes de stratégies pour anticiper ces situations, personnes (voleurs de temps externes) ou comportements (voleurs de temps interne) qui vous volent votre temps !

Laissez mijoter cette liste quelques jours, puis reprenez-la et complétez-la si besoin.

En face de chaque voleur de temps identifié, tentez de repérer s'il s'agit d'un voleur de temps interne (qui vous incombe directement : vos habitudes, vos attitudes, vos choix) ou d'un voleur de temps externe (« les autres »).

Enfin, en face de chaque voleur de temps, tentez d'imaginer une ou plusieurs stratégies ou parades très concrètes et applicables dès aujourd'hui pour conserver la main sur votre temps et ce que vous avez décidé d'en faire.

Au bureau, une interruption toutes les douze minutes

Loi de Carlson : « Tout travail interrompu sera moins efficace et prendra plus de temps que s'il était effectué de manière continue. »

L'économiste suédois Sune Carlson, qui a donné son nom à l'une des nombreuses lois du temps, a étudié le travail des managers au début des années cinquante. Il s'est rendu compte qu'un cadre était dérangé dans son travail toutes les vingt minutes en moyenne. Dans son livre *Executive Behaviour*, publié en 1951, Carslon explique qu'un travail morcelé demande plus d'énergie : « Un travail réalisé en continu prend moins de temps et d'énergie que lorsqu'il est réalisé en plusieurs fois ». En cause notamment, au-delà du stress et du sentiment de frustrations générés par de multiples interruptions, le temps dont nous avons besoin pour retrouver notre concentration, estimée, selon une autre étude, à soixante-quatre secondes qui sont nécessaires pour reprendre le fil de sa pensée après une interruption.

Aujourd'hui, selon une étude Sciforma/Zebaz réalisée en avril 2012[2], 67 % des Français affirment ne pas pouvoir rester concentrés plus de trente minutes sans interruption. Et 23 % disent ne pas pouvoir travailler plus de douze minutes sans être interrompus.

Dans une organisation, il y a ainsi un compromis à trouver entre mener à bien les activités dont on est responsable, et contribuer à celles des autres.

La question des interruptions illustre bien ce dilemme : du point de vue de celui qui est interrompu, l'interruption est un épisode perturbateur de son activité. En revanche, vue de celui qui interrompt, elle est ce qui permet de résoudre un blocage dans son activité.

Sans possibilité d'interruption, le travail collaboratif serait inefficace par une rigidité excessive.

Ces croisements d'activité sont nécessaires à toute organisation ; ils rendent cependant difficile la gestion du temps.

Difficile en effet de travailler sereinement et d'avancer dans sa *to-do list* sans devoir faire face aux multiples sollicitations et interruptions dont nous sommes l'objet sur notre lieu de travail.

À vous ! Avez-vous prévu une marge de 30 à 50 % pour les imprévus ?

Plutôt que d'imaginer supprimer entièrement les interruptions, ce qui n'est pas réaliste, il est vivement conseillé d'intégrer dans sa gestion des priorités une marge de 30 % (voire de 50 %) pour absorber les imprévus.

Ainsi, lorsque vous planifiez, le matin en démarrant votre journée ou la veille au soir avant de partir, pensez tout simplement à ne planifier que 50

2. Étude nationale Sciforma/Zebaz : « Travailler dans l'urgence est le lot quotidien de 89 % des Français », www.immocotedazur.fr, mai 2012.

à 70 % de votre journée uniquement. Ce simple ajustement vous permettra de ne pas être pris au dépourvu lorsqu'immanquablement, imprévus et interruptions de toute nature viendront perturber votre organisation personnelle.

Recensez et analysez la nature de vos interruptions. Sur une durée de plusieurs jours, notez dans votre journal créatif les interruptions que vous subissez :

- Notez la fréquence des interruptions.
- Indiquez la nature de chacune d'entre elles : interne (liée à votre comportement), externe (en provenance des autres) ; légitime (en lien avec vos missions), illégitime (sans rapport avec vos missions).
- Veillez à indiquer la durée des interruptions et notez en fin de journée le temps dédié aux interruptions durant votre journée de travail.
- Analysez les résultats et calculez notamment votre pourcentage d'interruptions « illégitimes » (si elles sont supérieures à 20 %, réagissez en posant des limites !).

J'apprends à dire non et à fixer des limites…

Savoir dire non est difficile (sauf entre 18 mois et 3 ans !). C'est même plus difficile pour certains que pour d'autres car notre capacité à dire non est directement corrélée à la connaissance de nos besoins profonds et de nos valeurs, et plus directement encore, à notre estime de nous-mêmes.

Cela demande donc du courage et de la détermination.

Plus nous sommes dans l'estime de nous-mêmes, plus il nous est facile d'opposer un non affirmé, serein, non agressif à la demande de l'autre. Ce non-là est facile car il permet de rester en accord avec soi.

Savoir dire non est une compétence à développer impérativement pour fixer des limites sereinement et gérer efficacement son temps.

… mais aussi savoir ne pas dire oui !

Or, dans certains cas (le mien par exemple), le plus difficile n'est pas de savoir dire non mais de ne pas dire oui ! Je m'explique : en ce qui me concerne par exemple, je n'ai jamais eu aucune difficulté à dire non à l'autre, de manière diplomate et respectueuse bien sûr, si la demande me semble inappropriée ou ne pas correspondre à mes besoins ou à mes priorités du moment. En revanche, je me méfie comme de la peste de ma nature enthousiaste et de mon attrait pour les défis en tous genres, qui m'amènent, le plus souvent, à m'emballer et à accepter plus qu'il n'en faudrait de nouvelles propositions. Bref, j'ai du mal à résister à la tentation !

Si vous êtes comme moi, la meilleure parade à votre enthousiasme naturel est de différer votre réponse : fixez-vous pour règle de ne jamais donner votre accord de suite. Laissez-vous quelques jours de réflexion et pesez le pour et le contre de votre engagement.

Il vous sera plus aisé, à tête reposée (froide ?), de mesurer si vous pouvez réellement assumer cette nouvelle charge dans votre emploi du temps et surtout si elle en vaut la peine, au regard des priorités que vous vous aurez fixées (et de vos envies bien sûr !).

De la même manière, pour bien gérer son temps, il faut savoir fixer des limites. À soi d'abord. Et aux autres.

Lorsque vous fixez des limites, vous gardez la main. Vous restez dans le choix. Vous remarquerez, qu'il s'agisse de fixer des limites, de savoir dire non ou encore d'alléger son agenda, que tout repose sur le choix.

Car j'aimerais que vous reteniez une seule idée maîtresse : la gestion de votre temps repose essentiellement sur votre capacité à faire des choix et à fixer des limites, en accord avec vos valeurs, dans le respect de vos priorités, et dans l'affirmation de qui vous êtes.

Plus que tous les discours du monde, le comprendre, l'expérimenter, l'intégrer dans votre quotidien vous permettra de reprendre dès aujourd'hui la main sur l'organisation de votre temps.

Voici quelques applications qui s'inspirent de la vie professionnelle mais qui sont transposables, bien sûr, à la vie personnelle et familiale :

- Je fixe une durée pour chaque chose. Vous devez rédiger un communiqué de presse ? Donnez-vous un temps précis pour le faire.
- Lors d'un rendez-vous, je préviens mon interlocuteur, dès le départ, du temps dont je dispose. En fixant des limites, le rendez-vous va s'organiser automatiquement sans déborder.

- Idem pour les conversations téléphoniques : je cadre d'emblée en donnant des limites de temps : « je dispose de X temps ».
- Autre astuce : je ne donne pas de rendez-vous à des heures « tapantes », mais à 9 h 15 au lieu de 9 h, ou 14 h 45 au lieu de 14 h 30. Effet garanti !
- Je note les points essentiels de ce qui a été dit lors d'un rendez-vous ou même d'un entretien téléphonique (sorte de « relevé de conclusions ») immédiatement après l'entretien, et je reporte sur l'agenda ce qui doit l'être (on libère l'esprit et on évite les oublis).
- Je définis des temps de non-disponibilité, des zones de non-interruption en fixant par exemple des créneaux d'une ou deux « heures calmes » par jour, porte fermée si vous avez un bureau indépendant, sans téléphone, sans e-mail… et sans enfants à proximité si vous êtes à la maison ! L'heure calme à la maison vous fera du bien mais fera également du bien à votre enfant qui en profitera, isolé dans sa chambre, pour se reposer, lire ou jouer tranquillement.

À vous ! Et si cinq minutes pouvaient suffire pour alléger votre agenda ?

Quand vous vous sentez débordé(e), que vous sentez que vous ne maîtrisez plus la situation, physiquement, ou psychiquement, n'ayez aucun scrupule à alléger votre agenda.

Concrètement, comment fait-on ?
- On ouvre son agenda.
- On décroche son téléphone.
- On annule (ou reporte à une date bien ultérieure) son rendez-vous.
- On souffle un bon coup et on respire !

C'est simple mais terriblement efficace ! Et vous verrez, personne n'en mourra. RE-LA-TI-VI-SEZ ! La Terre ne s'est pas arrêtée de tourner pour autant.

Profitez maintenant du temps que vous venez de libérer instantanément, dans votre agenda, mais également dans votre esprit !

J'ose dire NON pour me dire OUI, à moi !

À quoi avez-vous dit oui alors que vous auriez dû dire non ? Quand vous dites oui à quelqu'un ou quelque chose, gardez à l'esprit que vous dites non à autre chose (non par exemple à une possibilité de vous reposer, de vous consacrer à ce projet qui vous fait vibrer, de passer un peu plus de temps avec votre famille, etc.).

Faites appel à votre mémoire et essayez de vous remémorer trois situations ou sollicitations auxquelles vous avez dit oui alors que vous auriez dû dire non.

- ✔ Qu'est-ce qui vous a poussé, avec le recul que vous avez aujourd'hui, à dire oui ?
- ✔ Qu'est-ce que le fait de dire oui, dans ces trois cas précis, vous a coûté ? Pourquoi le regrettez-vous aujourd'hui ?
- ✔ Que pourriez-vous imaginer pour que ce type de situations ne se reproduise pas à l'avenir ?

Pour aller plus loin

→ Lejealle Catherine, *J'arrête d'être hyperconnecté !*, Eyrolles, 2015.

J'ARRÊTE DE PROCRASTINER !

JOUR 16

Je dis stop au *multitasking* !

En finir avec les idées reçues

Idée reçue n° 1 : je suis plus efficace quand je fais plusieurs choses en même temps

Faux !

Le *multitasking* est un mythe de l'efficacité, une illusion de l'esprit. Car contrairement aux idées reçues, le cerveau ne sait bien faire qu'une seule chose à la fois !

Synonyme d'efficacité pour la plupart d'entre nous, les comportements multitâches sont plus que jamais valorisés dans la sphère professionnelle, parce que répondant *a priori* mieux aux diktats de l'urgence. Dans une interview au *Monde*, Catherine Datchary, sociologue au laboratoire interdisciplinaire Solidarités, Sociétés, Territoires du CNRS, analyse : « Les entreprises sont ambivalentes. Un trouble de l'attention est connoté négativement, mais être multitâche est une compétence recherchée. » La réactivité y est érigée en qualité, avant même la productivité.

Pourtant, notre capacité à effectuer plusieurs choses en même temps, telle Shiva en son temps, ne nous rend pas forcément plus efficace, bien au contraire. Elle nuirait même à nos capacités intellectuelles et nous rendrait idiots, comme le révèle une étude effectuée par des chercheurs de l'université de Londres et publiée dans le *Chicago Tribune* en 2010. L'enquête, basée sur 1 100 salariés britanniques soumis au *multitasking* électronique, établit que le quotient intellectuel de ceux-ci diminuerait de manière plus significative que celui de fumeurs de cannabis ou d'adeptes de nuits blanches.

En 2009 déjà, une recherche effectuée par le professeur Earl Miller, spécialiste en neurologie au *Massachusetts Institute of Technology*, avait déjà démontré que le cerveau humain était incapable de gérer efficacement plusieurs choses à la fois. Il ne peut que jongler d'une tâche à l'autre avec plus ou moins de succès. Le *multitasking* demande ainsi beaucoup plus d'efforts aux méninges que de traiter les différentes tâches du quotidien les unes après les autres. Pire encore : la pratique favoriserait chez les enfants le développement de comportements à tendance autistique, en plus d'entraîner des difficultés d'apprentissage.

Le journaliste du *Chicago Tribune* élargit le sujet à la prise de décision. Il estime que l'avènement de « l'homme multitâche » ne fait que favoriser « les consensus mous », le *multitasking* étant pour lui l'art de ne pas choisir, quand le fait de prendre une décision implique de savoir gérer ses priorités.

Intégrons que « multitâche » veut clairement dire « absence de concentration ». En sautant comme nous le faisons d'une tâche à l'autre, nous avons pris l'habitude de répondre immédiatement aux stimuli au lieu de nous concentrer sur la tâche prioritaire.

Au travail, face aux sursollicitations dont nous faisons l'objet et aux multiples interruptions que nous subissons au cours d'une seule journée, comme nous l'avons vu durant la journée précédente, nous pensons ne pas avoir le choix : « Si je veux boucler mes dossiers et respecter mes objectifs, je suis obligé de faire plusieurs choses en même temps. » Mais à quel prix ?

Non-sens, erreurs d'interprétation, compréhension incomplète d'un problème, dossiers bâclés, papillonnage, s'ajoutent au stress et à la fatigue générés par le *multitasking*.

Idée reçue n° 2 : si je suis multitâche, je ne procrastine pas

Faux !

La procrastination peut même être l'une des conséquences de notre tendance au *multitasking*. Car plus on pratique le *multitasking*, plus on exige une information courte, facile et rapide à traiter. Dès lors qu'une tâche nous semble un peu trop longue (comme recevoir un mail trop long et devoir y répondre) et requiert notre analyse, nous préférons zapper et développons sans nous en rendre compte le réflexe de remettre à plus tard.

Selon Didier Pleux, psychologue clinicien interviewé sur www.lexpress.fr, celui qui pratique le *multitasking* néglige la phase clé d'entrée des informations (*input* dans le langage des sciences cognitives) indispensable avant toute analyse ou décision. La phase d'*input* est la plus importante du traitement de l'information. La plupart des *multitaskers* la survolent et sont en analyse ou en réponse immédiates. Ils réagissent plus qu'ils n'agissent. « A l'école, cela se traduit par des réponses hors sujet, à l'âge adulte par des contresens ou des choses non traitées, diagnostique Didier Pleux. Il y a quand même un aspect positif au *multitasking*, c'est la réactivité, une certaine agilité à passer d'un contexte à l'autre. » Mais, en cours d'analyse, le salarié « multitâche » s'aperçoit qu'il n'a pas intégré une donnée, ou en a survolé une autre. Résultat : il doit multiplier les retours pour récupérer les informations manquées, survolées ou perçues mais non comprises. Des allers-retours qui sont une perte de temps. « Celui qui a bien scanné les informations nécessaires a été lent. J'ai observé les élèves de grandes écoles dans des tests : les X-Mines passent un temps énorme en phase d'*input* ! » En fait, nous sommes d'autant plus rapides et efficaces que nous acceptons de perdre du temps dans la phase une d'entrée et d'analyse des informations du problème à traiter.

Je me concentre sur une seule tache à la fois

Nous l'avons compris, il est difficile de se concentrer quand notre cerveau sature d'informations et répond aux stimuli en tous genres.

Pourtant, l'enjeu est de taille car c'est en améliorant sensiblement votre capacité de concentration et en luttant contre votre tendance naturelle à la procrastination que vous parviendrez à passer à l'action et à faire aboutir vos projets.

Vous y économiserez une énergie considérable (se disperser sans cesse est très énergivore !) et vous renforcerez votre confiance et votre estime de vous-même.

Pour améliorer votre capacité de concentration, pas de recettes miracles ! Une grande partie de ce que nous avons vu ensemble au cours de la semaine 2 avait pour objectif de préparer le terrain.

Qu'il s'agisse de vous libérer de l'inutile pour vous recentrer sur l'essentiel, de définir vos priorités, de planifier votre agenda ou encore d'adopter des stratégies de temps limité, un seul objectif en ligne de mire : développer votre faculté de con-cen-tra-tion !

« La concentration se travaille comme un muscle et il n'est jamais trop tard pour commencer », explique Jeanne Siaud-Facchin, psychologue et psychothérapeute, auteur de *Tout est là, juste là*[1].

Pour vous rééduquer progressivement, commencez par prendre conscience de tous les moments où, au fil de votre journée, vous basculez en mode multitâche. Chaque fois que vous vous surprenez à faire deux, trois ou quatre choses en même temps, arrêtez tout et criez « STOP » !

À force de le faire, vous vous rendrez compte du nombre de fois où vous fonctionnez de la sorte et vous modifierez petit à petit cette habitude.

Une à deux fois dans la journée, faites l'expérience de vous consacrer à une seule tâche à la fois. Ne cherchez pas à fonctionner exclusivement en mode monotâche dès le début, au travail notamment, car vous n'y parviendrez pas et vous vous découragerez !

Je muscle mon attention avec la pratique de la pleine conscience

La méditation de pleine conscience est apparue, ces dernières années, comme l'une des meilleures réponses au stress généré par la pollution attentionnelle et le *multitasking*. Roland Jouvent, psychiatre, présente la thérapie de la pleine conscience comme « l'anti-double tâche », nous invitant à (ré)apprendre à profiter du moment présent.

N'avez-vous pas remarqué combien nous « sommes » de plus en plus dans notre mental, combien notre cerveau, sursollicité et surchargé d'informations, sature, nous donnant cette impression de « charge mentale » ?

Nous finissons même, parfois, par vivre tellement dans notre mental que nous nous sentons déconnectés de notre corps, comme littéralement coupés en deux. Inutile de vous dire combien il est difficile, dans ces moments-là, pour notre énergie de circuler. L'énergie ne circule plus, elle est bloquée, ce qui peut engendrer fatigue, apathie, baisse du système immunitaire, maux de dos, etc.

La solution est à notre portée. Elle consiste tout simplement à sortir de notre mental et à redescendre dans notre corps, dans notre ressenti.

1. Odile Jacob, 2014.

J'ARRÊTE DE PROCRASTINER !

Laisser le mental de côté et réinvestir enfin son corps : bouger, sauter, courir, danser, se masser ou se faire masser, pratiquer une activité qui réconcilie le corps et l'esprit comme le yoga ou tout autre discipline sollicitant le corps, etc.

Passer du mode « faire » au mode « être »

Véritable antidote à notre époque effrénée, la pratique de la pleine conscience, ou de la méditation dite laïque, est un excellent moyen de se recentrer sur soi, de lâcher prise et de savourer davantage l'instant présent.

Il s'agit tout simplement de s'ancrer dans le présent au lieu de ruminer ce qui est arrivé, ce qui a été (mal) fait ou de s'angoisser pour demain. Il existe en effet de nombreux avantages à la pratique de la pleine conscience, non pas seulement dans le cadre d'exercices de méditation, mais comme une habitude quotidienne face à l'existence.

Par exemple, à passer du mode « faire » au mode « être ».

Ce que nous enseignent petit à petit les efforts de pleine conscience, c'est l'intérêt de régulièrement provoquer dans sa vie des moments où l'on s'extrait du faire pour aller vers l'être.

Les thérapeutes praticiens de la pleine conscience parlent de *doing mode* (*to do*) par rapport au *being mode* (*to be*).

- Dans le « mode *faire* », on est toujours en lutte pour réduire l'écart entre les choses telles qu'elles sont et ce qu'elles devraient être selon nous.
- Dans le « mode *être* », on commence par accepter d'abord ce qui est, et par l'observer avec attention et si possible bienveillance.

La pleine conscience peut aussi nous apprendre à ne rien faire, mais bien. Elle aide enfin à savourer l'existence.

« Nous avons parfois tendance à penser que la vie, la vraie, la bonne, ne commence qu'une fois toutes nos difficultés résolues. Non, elle est déjà là, sous nos problèmes et nos insatisfactions. Prête à accueillir le bonheur et la grâce », précise Christophe André, psychiatre et auteur de *Les états d'âme. Pour un apprentissage de la sérénité*[2].

2. Odile Jacob, 2009.

Une pratique accessible à tous

Attention, vous avez bien lu, nous parlons bien ici de *pratique* et non d'une simple théorie qu'il suffirait d'intellectualiser (avec, cette fois encore, notre mental !)

Expérimenter, ici et là, la pratique de la pleine conscience est véritablement à la portée de tous.

Nous avons tous une vague idée de ce que l'on nomme la pratique *formelle*, mais saviez-vous qu'il existe également une pratique dite informelle de la pleine conscience ?

Elle consiste à intégrer de la conscience dans nos actes du quotidien, y compris dans nos actes les plus simples comme laver la vaisselle, marcher d'un lieu à un autre, se laver les dents, manger une pomme, etc.

Il n'y a rien de plus simple : régulièrement, prendre le temps de s'arrêter, fermer les yeux pour respirer et prendre conscience de ce qui se passe en nous et autour de nous.

L'approfondissement régulier de cette démarche très simple ouvre des horizons insoupçonnés en termes de clarification de nos pensées et de nos émotions.

Ce n'est pas la technique de base qui est difficile, mais sa pratique régulière, chaque jour de notre vie ! Car la méditation est une hygiène de vie.

Enfin, nous venons de le voir, c'est une pratique idéale pour alléger la charge mentale et déconnecter plus facilement.

À vous ! J'écris pour alléger ma charge mentale

Rien de tel que d'écrire tout ce qui vous tracasse pour vous soulager et donner un peu d'oxygène à votre cerveau en ébullition ! Si le soir en particulier, vous partez vous mettre au lit avec vos dossiers en cours, vos priorités du lendemain, la conversation animée entre Jean et Béatrice en réunion de ce matin et la rumination du mot blessant de Nicole qui une fois de plus vous a vexé, vous risquez à coup sûr une insomnie et une accumulation de fatigue.

Le simple fait de déposer sur papier ce qui tourne en boucle dans votre esprit mettra une distance entre ces « problèmes » et vous. Vous serez rassuré(e) car même si ces derniers ne seront pas résolus à votre réveil (encore que !), vous serez sûr(e) de les retrouver.

Profitez-en enfin pour poser une ou deux questions sur papier et laissez faire votre inconscient qui prendra le relais et croisera toutes les solutions possibles pendant votre sommeil pour vous proposer une réponse à votre réveil.

Au cœur de la pleine conscience, la respiration

Quand vous sentez que la soupape va lâcher, portez toute votre attention sur votre respiration. Tout simplement.

Inspirez-vous de Rajshree Patel, dans l'interview qu'elle a donnée dans le tout premier numéro du magazine *Happinez*. Selon elle, la respiration est la chose la plus importante dans la vie, elle vous insuffle l'énergie : « La respiration est directement liée à l'humeur. Lorsque nous sommes fâchés, nous respirons davantage et plus rapidement, notre souffle est chaud. Lorsque nous sommes tristes, en revanche, notre respiration se fait pesante, lente, et nous expirons plus fort, généralement par la narine gauche. Lorsque nous sommes détendus, on respire sans s'en apercevoir, etc. Cela devient vraiment intéressant quand on inverse ce processus : en contrôlant votre respiration, vous pouvez influer sur vos émotions. Il est donc possible d'utiliser sa respiration pour susciter des émotions positives. »

Son mantra : « Change ta respiration, elle changera ta vie. »

Ainsi, la respiration est LA technique antistress par excellence, celle que vous devez nécessairement avoir dans votre boîte à outils personnelle. Et nul besoin pour cela de maîtriser la respiration abdominale, qui nécessite un minimum d'entraînement. Nous savons tous respirer. Il nous suffit de nous concentrer sur notre respiration pour en sentir immédiatement les bienfaits.

La respiration est ce qui vous permettra de ramener le calme chez vous et en vous, et d'apaiser la tempête des émotions (imaginez le calme plat d'un lac paisible et prenez le temps d'installer cette image en vous, tout en respirant).

S'il y a un principe à retenir en matière de respiration (et ce principe est applicable partout, en toutes circonstances) : plus je respire lentement, plus je me calme.

Lorsque vous êtes stressé, vous hyperventilez : vous respirez rapidement et trop souvent, ce qui augmente le taux d'oxygène dans le sang. Votre corps ressent alors un grand nombre de changements car il doit s'adapter à ce déséquilibre.

Il est donc nécessaire de ralentir la respiration.

En période de stress, le rythme respiratoire est de l'ordre de dix à quatorze cycles par minute. Il faut vous entraîner à le réduire de moitié, c'est-à-dire à le maintenir vers cinq à sept cycles par minute pour obtenir un soulagement réel et rapide.

Par ailleurs, lorsque nous sommes stressés, nous respirons non seulement plus rapidement, mais en plus, nous avons tendance à respirer par la poitrine de façon irrégulière et rapide.

Lorsque vous êtes face une situation contrariante, centrez-vous sur votre respiration en la ralentissant. Cela vous conduira à un état de maîtrise de soi, et donc de maîtrise de vos émotions quand celles-ci vous submergent, quelles qu'elles soient.

À vous ! Même pas cap de jouer ?

Rien de tel que le jeu pour profiter pleinement de l'instant présent et alléger notre charge mentale ! Vous ne savez plus faire ? Regardez vos enfants, ils ont tout à nous apprendre… Accordez-vous au moins une fois par jour un moment de jeu, y compris seul, à plusieurs ou avec vos enfants ! Quel meilleur moyen de déconnecter que de retrouver, comme lorsque nous étions enfants, le plaisir de s'amuser un peu ! Nous sommes devenus si sérieux, si tristes parfois, coincés dans nos vies balisées entre contraintes et obligations. Laissez le jeu réinvestir votre vie, même à petites doses.

- Une partie de jeu de société ?
- Une séance de chatouilles en règle ?
- Avez-vous déjà testé 1-2-3 Soleil dans votre salon ?
- Connaissez-vous les meilleures cachettes de votre maison ?

J'ARRÊTE DE PROCRASTINER !

Je ralentis mes gestes

Rien de mieux, pour apprendre à ne faire qu'une seule chose à la fois, que d'éprouver physiquement la sensation et les effets positifs du ralentissement, y compris en famille. La lenteur à l'extrême est idéale pour libérer ses tensions et faire le vide quelques minutes.

✔ Choisissez une activité quotidienne que vous faites mécaniquement (prendre une douche, ranger vos vêtements, faire la vaisselle...).

✔ Concentrez-vous sur votre posture, sur vos gestes, sur l'objet que vous tenez, sur le contact physique avec l'objet.

✔ Focalisez ensuite votre attention sur vos muscles et sur la façon dont vous respirez. Vous allez prendre conscience d'une quantité de détails qui vous échappent habituellement, comme la sensation de l'eau sur vos épaules, l'odeur du linge dans l'armoire, la caresse de l'herbe...

Bénéfice : en vous obligeant à vous concentrer, à focaliser votre pensée et votre attention, votre rituel vous aidera à faire le vide pendant quelques instants, à libérer vos tensions intérieures et à vous recentrer pour la suite.

Pour aller plus loin

- Kabat-Zinn Jon, *Reconquérir le moment présent... et votre vie – La méditation de pleine conscience pour les débutants,* éditions Les Arènes, 2014.
- Applications pour smartphone :
  - *Méditer avec Christophe André* (2,99 €) ;
  - *Petit Bambou* (huit premières méditations gratuites sur votre mobile et sur le Web : www.petitbambou.com) ;
  - *Méditation Maman Zen* (2,69 €) ;
  - *Respi Relax* (pour apprendre à respirer ou pratiquer la cohérence cardiaque – gratuit, sur Itunes® uniquement).

JOUR 17
Je dépense mon énergie à bon escient

Avant de démarrer la lecture de cette nouvelle journée, j'aimerais vous inviter à prendre quelques minutes pour vous poser les deux questions suivantes :

- → Comment vous sentez-vous, là maintenant ? Quel est votre niveau d'énergie ?
- → Comment gérez-vous globalement votre énergie ? Avez-vous d'ailleurs l'impression de gérer votre énergie, voire de la dépenser à bon escient ?

L'énergie, notre bien le plus précieux !

Souvenez-vous, à la source des comportements qui nous conduisent à la procrastination, figure en bonne place notre manque d'énergie. Et pour cause !

Notre niveau d'énergie est parfois si bas que la moindre des actions qui jalonnent notre quotidien nous coûte. Là où nous aurions abattu une montagne de travail, nous baissons les bras devant le simple fait de débarrasser la table ou de rédiger ce mail qui ne nous aurait pourtant pris que quelques minutes avec notre niveau d'énergie habituel.

Notre énergie, j'en suis convaincue, est notre bien personnel le plus précieux. Sans elle, rien n'est possible. Et pourtant, combien sommes-nous à la malmener et à faire comme si elle était une ressource inépuisable, poussant nos organismes sursollicités jusque dans leurs limites ?

Soyez votre meilleur expert, menez votre propre enquête, faites des tests, partez à la découverte de vos besoins et de votre mode de fonctionnement, apprenez à vous connaître sur le bout des doigts ; bref, devenez votre propre responsable de la prévention et sachez lever le pied quand vous sentez que votre corps l'exige.

Lorsque j'anime des formations en entreprise sur la gestion du temps ou la gestion du stress, j'aborde systématiquement la question de la gestion de l'énergie car elle est selon moi indissociable d'une bonne gestion de soi ; c'est en apprenant à gérer son énergie dans la durée que l'on peut réellement envisager de concilier sérénité et efficacité, au travail comme dans sa vie personnelle et familiale.

En effet, au risque de me répéter, votre énergie n'est pas inépuisable et il vous appartient, comme vous le feriez avec votre compte en banque ou votre agenda, d'apprendre à la gérer, à l'économiser quand c'est nécessaire, en tous les cas à la dépenser à bon escient.

Je prends la responsabilité de mon énergie

C'est à vous et à vous seul de prendre la responsabilité de la gestion de votre énergie, tout comme je vous inviterais à le faire avec votre temps. Qui d'autre pourrait le faire à votre place ? Ne cherchez pas, personne ! Vous êtes contre toute attente la personne la plus indiquée, la mieux placée pour sonder votre niveau d'énergie et déterminer ce qui draine ou au contraire ce qui booste votre énergie.

À vous ! Avez-vous une idée de ce qui pompe ou au contraire de ce qui booste votre énergie ?

Je fais la liste de tout ce qui « pompe » mon énergie !

- Certaines personnes en particulier ?

....

....

- Certains mots ?

. . . .

. . . .

- Certaines situations ?

. . . .

. . . .

Je fais la liste de tout ce qui me dynamise !

Quelques exemples de ce qui peut redonner de l'énergie :

- Courir, sauter, bouger ! Globalement, se (re)mettre en mouvement / redescendre dans son corps / retrouver une sensorialité / renouer avec son ressenti corporel
- Les sons / la musique
- L'humour / Le rire
- Passer un bon moment avec ses amis

Prenez dès aujourd'hui la décision ferme et définitive de devenir votre meilleur allié ! Vous n'aurez personne derrière vous pour vous demander de lever le pied, d'en faire moins et de vous reposer. Soyez votre propre garde-fou !

Fixez-vous vos propres limites, apprenez à repérer les premiers signes de fatigue, n'attendez pas que le surmenage s'installe pour lever le nez du guidon et commencer à prendre soin de vous.

Comportez-vous avec vous-même comme vous vous comporteriez avec votre meilleur ami, votre conjoint ou vos enfants.

→ Dormez-vous suffisamment ? Mangez-vous équilibré ?

→ Trouvez-vous du temps dans votre semaine pour les deux séances de jogging dont vous avez tant besoin ?

→ Prenez-vous le temps de soigner votre apparence ? De choisir des vêtements qui vous mettent en valeur ? De vous maquiller si vous êtes une femme ?

→ Vous autorisez-vous à lâcher prise et à faire autre chose que... travailler ?

La chronobiologie : je suis moins efficace quand je suis fatigué

Une lapalissade, me direz-vous ? Et pourtant, combien sommes-nous là encore à faire fi, au quotidien, de cette évidente affirmation ?

Loi de Swoboda – Fliess – Teltscher : « L'efficience passe par la prise en compte de ses rythmes biologiques. »

C'est un fait incontestable : quand nous sommes fatigués, nous sommes moins efficaces ! Un esprit fatigué ne se concentre pas aussi bien qu'un esprit reposé, ce qui fait que les tâches à la fois prennent plus de temps et consomment encore plus d'énergie. De la même manière, un esprit et un corps fatigués ont moins de capacité de réaction lorsqu'une difficulté survient ou lorsque quelque chose se passe mal.

Apprendre à repérer ses rythmes biologiques

Êtes-vous plutôt du matin ou du soir ? Sentez-vous un regain d'énergie en fin de matinée ou en fin d'après-midi, ou encore, comme l'un de mes stagiaires en formation, entre 15 h et 17 h ? Êtes-vous de ceux qu'il est préférable de ne pas solliciter entre 13 h et 16 h (« Repasse un peu plus tard, je suis en pleine digestion ! »).

Savoir identifier et respecter nos rythmes biologiques fait partie à part entière du processus d'efficacité.

Même si je conviens que ce n'est pas toujours possible dans le contexte professionnel, voire personnel, ne pas respecter ses rythmes biologiques peut entraîner des dysfonctionnements préjudiciables à la santé psychique et physique et, plus globalement, à la qualité de vie.

Une pause toutes les 90 minutes

Les rythmes s'organisent en cycles : certains se déroulent sur 24 heures, ils sont relativement constants, d'autres sur 6 heures, d'autres sont encore plus brefs.

Les rythmes circadiens durent 24 heures, sont relativement constants et régissent les sécrétions hormonales, la fréquence cardiaque, la pression artérielle et sont modifiés généralement lors des variations du rythme veille/sommeil.

Les rythmes ultradiens, quant à eux, sont inférieurs à 24 heures. Identifiés par Raymond Klein et Rosearme Armitage dans une étude publiée en 1979 dans le magazine *Science* sous le titre : *Les rythmes de la performance humaine : l'efficacité cognitive soumise à des cycles d'une heure et demie*, les rythmes ultradiens opèrent toutes les 90 minutes environ, un cycle complet d'activité/repos du corps et de l'esprit. Ce cycle a été appelé « cycle de base activité / repos ».

Ainsi, nos cycles de concentration durent 90 minutes au maximum. Au-delà d'une heure et demie, le cerveau décroche. C'est le moment parfait pour lui donner un peu d'oxygène et faire une pause.

S'accorder des micro-pauses dans la journée : deux minutes peuvent suffire !

En formation, je soumets mes stagiaires à un petit test dont l'unique objectif est de leur faire prendre conscience de la durée réelle de deux minutes. Je règle le chronomètre de mon smartphone sur deux minutes, je demande à mes stagiaires de rester assis et de ne rien faire pendant l'expérience, les autorisant à fermer les yeux s'ils le souhaitent. Puis, je lance le chronomètre. Une fois les deux minutes passées, je prends toujours un malin plaisir à les voir bâiller, s'étirer, ouvrir les yeux difficilement comme s'ils venaient de faire une sieste de trente minutes ! À chaque expérience, le constat est le même : deux minutes, c'est « super-long » ! Et ça peut suffire à décompresser et récupérer un peu d'énergie si sa charge de travail ne permet pas de prendre plus. Il est toujours préférable de prendre deux minutes que de ne pas prendre de pause du tout.

Les bienfaits de la sieste

Depuis quelques années, des espaces sieste ont été installés dans des entreprises à la pointe de la qualité de vie au travail. Les grandes villes ont également vu s'installer des bars à sieste, permettant aux cadres stressés de recharger les batteries pendant vingt minutes ou plus sur leur pause déjeuner. L'idéal est de faire une sieste *flash* qui dure entre cinq et dix minutes. Elle permet de se détendre, de relâcher les tensions au milieu de notre journée de travail.

Pas si bête quand on sait que faire la sieste rend plus efficace au travail ! De nombreuses études scientifiques ont été réalisées autour de la sieste pour mesurer les bénéfices qu'elle apporte. Ainsi, il a été prouvé que la sieste améliore notre mémoire, notre attention, notre temps de réaction et notre capacité de concentration. Tony Schwartz, spécialiste en psychologie du travail, organise maintenant des siestes en entreprise de manière scientifique. En les faisant dormir, il démontre à ceux qui le consultent que le principal danger est moins la perte brève d'activité que la répétition des tâches jusqu'à l'épuisement.

Tony Schwartz fait de vraies ordonnances de sieste avec une durée minimale et maximale. Selon lui, l'idéal serait de pouvoir s'offrir entre dix-neuf et quarante minutes de repos. En cas d'épuisement, on peut aller jusqu'à 90 minutes pour augmenter ses envies de création.

Procrastinateurs, ne culpabilisez donc plus de vous offrir une petite sieste après la pause déjeuner ! La sieste serait même un sacré booster de l'envie de travailler, et de l'envie tout court, raison de plus pour ne pas vous en passer !

À vous ! Connaissez-vous vos rythmes ultradiens ?

Observez le rythme de nos journées est la façon la plus simple de repérer le fonctionnement des rythmes ultradiens.

Au fil de votre journée, notez les moments où vous faites une pause (pour aller aux toilettes, prendre un café, déjeuner, etc.).

Essayez de repérer vos pics de concentration. Notez tous les moments où vous vous êtes senti(e) alerte et dynamique, ainsi que ceux où vous vous êtes senti(e) lent(e), rêveur(se) ou fatigué(e).

- Avez-vous une idée de la durée de chacun de ces moments ?

- Avez-vous respecté votre état naturel ou avez-vous essayé de l'ignorer ? Quelles conséquences cela a-t-il eu, que vous agissiez en harmonie ou non avec cet état ?

....

....

J'apprends à gérer mon énergie sur la durée : une question d'équilibre

Parce que votre énergie n'est pas une ressource inépuisable, il est fondamental que vous puissiez, pour tenir la distance sans vous épuiser, apprendre à gérer votre énergie dans la durée.

Comme le précise Francine Ferland, auteur du petit livre *Pour parents débordés et en manque d'énergie*[1], « pour terminer un marathon et peut-être décrocher une médaille, un coureur de fond doit gérer son énergie tout au long de la course. Si le départ est trop rapide ou s'il maintient une vitesse trop élevée pendant la course, il n'aura plus d'énergie pour le sprint final. Une personne débordée doit aussi apprendre à gérer son énergie tout au long de ses journées […] l'énergie ne peut s'emmagasiner en vue d'un usage ultérieur, pas plus que le sommeil d'ailleurs. Il faut donc apprendre à économiser vos efforts et à utiliser à bon escient votre énergie ».

Tout dans la vie est question d'équilibre. La gestion de l'énergie ne fait pas exception à la règle. Car personne ne peut tenir en surrégime 24 heures sur 24. Même pas vous.

Apprenez à vous écouter, à écouter vos besoins, à écouter votre corps, à repérer les signaux qu'il vous envoie. Et n'attendez pas : dès que vous ressentez un peu de fatigue, compensez par du repos. Ne laissez pas la fatigue s'installer de nouveau. Écoutez-la, prenez-en bonne note, remerciez-la si besoin et réagissez immédiatement :

Fatigue → repos → nouvelle fatigue → nouveau repos

1. Éditions du CHU de Saint-Justine, 2006.

Plus vous équilibrerez les périodes d'activités avec des périodes de repos, plus vous récupérerez facilement et rapidement.

Vous ne pourrez réussir à bien gérer votre énergie que si vous intégrez au quotidien le principe de l'alternance activité / repos.

C'est aussi simple que cela et c'est valable en toutes circonstances !

Tout commence par un sommeil de qualité : « laissons-nous dormir ! »

Nous consacrons environ un tiers de notre vie à dormir. Le week-end, les Français dorment en moyenne 8 heures par jour. En semaine, ils y consacrent en moyenne 6 heures et 55 minutes.

Selon des études portant sur la privation de sommeil chez l'homme et chez l'animal, nous savons que le sommeil a un rôle à jouer dans l'équilibre thermodynamique de l'organisme, en contribuant à maintenir notre température constante au cours de la journée et en favorisant le stockage énergétique. Il intervient aussi dans la sécrétion des hormones : hormone de croissance, cortisol, leptine, mélatonine… et il participe aux défenses immunitaires, régularise la fonction cardiovasculaire par diminution de la fréquence cardiaque et de la tension artérielle, et permet ainsi les phénomènes de réparation de la paroi des vaisseaux sanguins. Sur le plan neuropsychologique, le sommeil est essentiel à la mémoire, au classement des idées et des émotions, au développement des circuits sensoriels, à la régulation de l'anxiété et de l'humeur.

C'est dire à quel point il est vital !

Pourtant, d'après la dernière enquête de l'Institut national du sommeil (INSV-MGEN) réalisée en 2014, plus d'un tiers des Français (37 %) dorment mal ou pas assez, au détriment de leur santé. Et plus de 30 % des Français souffrent d'insomnie aujourd'hui. On retrouve à peu près la même proportion dans la plupart des pays industrialisés, à l'exception du Japon.

Pour remédier aux troubles du sommeil, une première approche consiste à favoriser un bon environnement de la chambre et une bonne literie ; à éviter le bruit, la lumière ou une température inconfortable dans la nuit ; à pratiquer une activité sportive régulière ; à s'abstenir de prendre des repas copieux ou trop arrosés le soir.

Cette approche peut être associée à une démarche comportementale faite d'exercices de relaxation et de sophrologie, de techniques cognitives et comportementales, d'éducation thérapeutique. Un traitement médical peut être prescrit contre les causes du mauvais sommeil lorsqu'il s'agit de douleurs, de syndrome des jambes sans repos, de troubles respiratoires du sommeil, etc.

Au-delà de tout cela, ne nous faudrait-il pas également réhabiliter la place du sommeil dans notre vie et cesser de faire comme si nous n'en avions pas/plus besoin car rien n'est plus faux ! Prenons la qualité de notre sommeil au sérieux, redonnons-lui toute la place et l'importance qu'il mérite dans notre vie.

Comme le suggère le professeur Damien Léger, président de l'Institut national du sommeil et de la vigilance de l'Hôtel-Dieu AP-HP Paris-Descartes, « laissons-nous le temps de dormir ! »

Souffrez-vous de procrastination nocturne ?

Nous sommes de plus en plus nombreux à souffrir de procrastination nocturne, également appelée procrastination du sommeil (*bedtime procrastination*), *bing-watching* oblige ! En deux mots, nous savons que nous sommes fatigués, que nous manquons même de sommeil et que le train (du sommeil) n'est pas loin, et malgré cela, nous retardons inlassablement l'heure d'aller nous coucher, préférant regarder le dixième épisode de la nouvelle saison de *Game of Thrones* ou de *House of Cards* !

Selon la psychothérapeute Michèle Freud, auteur de *Se réconcilier avec le sommeil*[2], les personnes fonctionnant ainsi à contretemps et ignorant les messages de sommeil, rencontrent, la plupart du temps, des difficultés d'endormissement avec des retards de phase importants.

Différents troubles du sommeil apparaissent chez les cyberdépendants : problèmes d'endormissement, réveils nocturnes, insomnies ou encore, diminution du temps de sommeil. En prolongeant ainsi leurs soirées au détriment de leur temps de sommeil, ces *addicts* finissent par développer une « dette » croissante de repos entraînant nervosité, irritabilité et une plus grande fatigabilité. Certains, surmenés au quotidien, deviennent hyperexcitables, hypersensibles. Ils trouvent difficilement leur sommeil ou se réveillent prématurément et peinent à se rendormir.

.../...

2. Albin Michel, 2013.

Occulter les signaux du sommeil génère des difficultés d'endormissement, un dérèglement de l'horloge biologique et des insomnies. On loupe son train de sommeil, on se couche à un moment où l'on n'a plus sommeil. Plus on cherche à dormir, moins on y parvient ! Ce cercle vicieux peut mener à une insomnie chronique. Il peut entraîner ce qu'on appelle un syndrome de retard de phase.

Le syndrome de retard de phase concerne, en grande majorité, l'adolescent et l'adulte. Les responsables sont la télévision, le smartphone, l'ordinateur... Il se présente comme une « insomnie d'endormissement » avec un réveil tardif et difficile le matin. Les émissions de télévision tardives, jeux et surfs sur Internet contribuent largement à retarder l'horloge biologique. De plus, la luminosité bleue produite par l'écran favorise la stimulation à l'éveil. Les utilisateurs d'écrans, le soir, réduisent leur durée de sommeil de trente à quarante-cinq minutes. La lumière vive des tablettes d'ordinateur dérègle en effet la sécrétion de mélatonine (l'hormone du sommeil) et retarde l'endormissement.

La procrastination positive : je m'autorise parfois à ne rien faire... et à procrastiner !

Comme je vous l'annonçais dans l'avant-propos de ce livre, la procrastination a parfois du bon et il est même question, dans certains cas, de procrastination positive.

Mais de quoi parle-t-on au juste ?

David d'Equainville, qui a écrit le *Manifeste pour une journée reconductible. Introduction à la procrastination*[3], est à l'initiative de la création en 2010 de la Journée mondiale de la procrastination (25 mars), « une journée où il est permis de reporter » !

L'auteur iconoclaste a voulu, en créant cette journée, « mettre son grain de sable dans les ravages éculés » d'une société où tout va de plus en plus vite grâce aux nouvelles technologies, aux smartphones et aux réseaux sociaux : « Tout cela nécessite un filtre, il faut savoir différer. »

John Perry, philosophe et psychologue à Stanford, auteur d'un traité de la procrastination positive, *La procrastination : l'art de reporter au lendemain*[4], évoque quant à lui un « don naturel ». Il défend l'hésitation, soit la tendance à remettre au lendemain, comme une marque de sagesse : « ceux qui

3. Zebook.com, 2011.
4. Autrement, 2012.

doutent sont ceux qui vont le plus loin et gardent le plus de motivation. » Un défaut aux yeux de la majorité, un atout pour qui sait en tirer avantage.

Dans son livre, John Perry développe son concept très populaire de « procrastination structurée ». Il propose de faire une liste de choses à faire et de mettre en haut de cette liste une ou deux des actions qui nous ennuient le plus. Après ces deux premières tâches impossibles, en viennent d'autres sur lesquelles on se précipite pour éviter les deux premières. Nous n'avons pas forcément envie de mettre à jour le rangement ou le ménage mais nous le faisons pour échapper à la première tâche de la liste qui est encore pire ! Selon Michel Desjoyeux, psychothérapeute et auteur de *Réveillez vos désirs*[5], « la ruse avec sa procrastination naturelle crée le désir et la répulsion des premières obligations motive pour les suivantes. Pour le dire autrement, chacun peut accomplir beaucoup d'activités à la condition de ne pas faire ce qu'il a prévu de faire au moment précis où il le décide. On oppose une envie à une autre et l'on fuit un premier projet en travaillant sur un deuxième ».

Dans certains cas enfin, il est tout simplement préférable de se donner un temps de réflexion avant de passer à l'action car comme nous le savons, la précipitation est mauvaise conseillère. Ce besoin de passer à l'action à tout-va, sans réfléchir, s'appelle précisément la précrastination et n'est pas plus efficace que son opposé.

Derrière ce concept de procrastination positive, qui a le mérite de proposer une perspective déculpabilisante du phénomène, une idée simple : celle de lutter contre l'activisme à tous crins et de réapprendre à appuyer sur le bouton pause.

En effet, dans certaines circonstances, notamment quand notre niveau d'énergie est au plus bas, il est nettement plus sage et opportun de reporter notre tâche à un moment où notre niveau d'énergie sera plus élevé. Il est stérile de vouloir s'acharner à s'acquitter d'une tâche quand notre énergie est basse car comme nous venons de le voir, cette tâche nous prendra plus de temps et nous coûtera bien plus d'énergie. À ce moment précis, nous ne serons donc pas les plus efficaces pour mener à bien notre mission. À nous d'apprendre à bien nous connaître et à déceler le moment opportun pour l'action juste…

5. Plon, 2014.

Je prends conscience de mon niveau d'énergie

Pour ce nouveau rituel du premier pas, je vais simplement vous demander d'être attentif(ve) tout au long de cette journée à votre niveau d'énergie.

Prenez conscience des moments où votre niveau d'énergie est bon, voire à son maximum.

Savourez, bien sûr, mais prenez également quelques minutes pour tenter d'en comprendre les raisons.

- Pourquoi mon niveau d'énergie est-il, à ce moment précis, au maximum ?
- Est-ce dû à la nuit de sommeil que je viens de passer et qui a été à mon sens réparatrice ?
- Est-ce dû au fait que je reprends après une semaine de vacances et que je me sens reposé(e) ? Etc.

De la même manière, prenez également conscience des moments où votre niveau d'énergie est plutôt faible, voire au plus bas.

Accueillez ce niveau d'énergie sans le juger, puis prenez quelques minutes, en toute bienveillance pour tenter de comprendre ce qui est à l'origine de cette baisse d'énergie.

- Pouvez-vous faire des liens avec votre hygiène de vie ?
- Quels sont les besoins qui s'expriment prioritairement dans ces moments-là ?

Pour aller plus loin

- Je vous invite à tester votre capacité à ne rien faire pendant deux minutes sur le site www.donothingfor2minutes.com. Attention, l'exercice n'est pas aussi simple qu'il n'y paraît : vous devrez recommencer à zéro autant de fois que nécessaire jusqu'à ce que vous parveniez à ne pas bouger pendant deux minutes !

JOUR 18

Je trouve le juste équilibre entre obligations et plaisirs

« Une vie sans plaisir, c'est un long voyage sans auberge. »

Démocrite

Contrairement à ce que nous serions tentés de croire, notre tendance à la procrastination peut également être la conséquence d'un trop-plein d'obligations dans notre quotidien.

Quand les contraintes de toute nature saturent nos agendas sans répit, de janvier à décembre, nous finissons par perdre le goût des choses. Las de nos « Je dois » et « Il faut que », nous perdons progressivement le contact avec ce qui fait le sel de notre vie et donne du sens à nos actions.

Aujourd'hui, il sera à nouveau question d'équilibre : le juste et nécessaire équilibre entre obligations et plaisirs dans notre quotidien. Parce qu'il serait vain et puéril de croire que nous pouvons supprimer toute forme de contrainte dans notre vie, mais parce qu'il serait tout aussi vain et contre-productif de ne pas accorder suffisamment d'espace au plaisir.

Je débranche le pilotage automatique

N'avez-vous pas l'impression parfois, en fin de journée ou au moment de vous coucher, que la journée que vous venez de vivre ressemble à peu de chose près à celle que vous avez vécue hier, et avant-hier, et avant avant-hier ? Et que votre semaine ressemble *grosso modo* à la précédente, et à la précédente, et encore à la précédente ?

Vos journées s'enchaînent, inlassablement sur le même mode. Vous passez d'une tâche à une autre car vous *pensez* devoir être continuellement en train de faire quelque chose, que chaque petite parcelle de votre temps libre doit être astucieusement remplie par des choses à faire. À tort.

Entre le travail, la famille, la maison, et tout le reste, la routine s'installe et avec elle des habitudes bien rodées qui sont là, bien heureusement, pour nous faciliter la vie et nous sécuriser. Jusque-là, parfait.

Mais le problème de ce quotidien bien huilé n'est pas sans conséquence :

- Nous fonctionnons le plus souvent en pilotage automatique, laissant la part belle à notre inconscient qui agit en lieu et place de notre conscient. Mais où sommes-nous donc toutes les fois où notre inconscient (re) prend la main, comme lorsque vous conduisez pour rentrer chez vous par exemple ?
  Ne cherchez pas trop loin, votre esprit conscient en a profité pour se faire la malle… dans votre passé, en ruminant ce qui s'est passé pendant la réunion d'hier après-midi où Jean-Pierre a présenté la énième version du projet Z, ou dans votre futur, proche, parfois même très proche (« Pffff, mais qu'est-ce que je vais encore faire à manger ce soir ? » – Connexion neuronale – « Et si je m'arrêtais chez Picard pour acheter des lasagnes fraîches (enfin surgelées), je pourrais en profiter pour faire une bolo maison vite fait ? » – Nouvelle connexion neuronale – « Ah ben non, je ne peux pas, ce soir je dois aller récupérer Chloé à son entraînement à 20 h, ce sera trop juste… »).
  Sur 24 heures, combien de temps sommes-nous véritablement présents ?
  - Présents à ce que l'on est en train de faire ?
  - Présents aux personnes qui nous entourent ?
  - Présents à notre ressenti, qu'il soit corporel ou émotionnel ?
- À force d'enchaîner les journées, les semaines, les mois, les années sur le même mode, nous oublions parfois de nous extraire de nos activités pour prendre de la hauteur sur ce que nous vivons.
  Comment alors savoir si les choix que nous avons faits hier nous correspondent toujours ?
  Si nous ne prenons pas le temps de nous arrêter, ne serait-ce qu'un petit moment, ici et là, nous prenons le risque de perdre de vue nos (vraies) priorités, celles qui font sens pour nous au jour d'aujourd'hui,

et, plus grave encore, de vivre un matin un réveil difficile, avec le sentiment, peut-être, d'être passé à côté de l'essentiel.
L'un des premiers réflexes à adopter, et non des moindres, c'est de débrancher littéralement votre pilote automatique.

Comment faire ?

On y parvient en mettant davantage de conscience dans son quotidien, en prenant un peu de hauteur, en réinterrogeant ses choix, en se reconnectant à ses besoins, en ralentissant son tempo, etc.

Bref, en passant des automatismes à l'intention, au choix, à la décision.

À vous ! Sauriez-vous appuyer sur la touche *reset* ?

> *« La vie nous donne toujours une seconde chance qui s'appelle demain. »*
>
> **Brian Tracy**

Imaginez que vous êtes un logiciel super-sophistiqué (n'est-ce pas le cas ?) mais que votre disque dur et que votre mémoire saturent. Il vous reste à peine de la place pour quelques fichiers Word®.

Maintenant, vous allez visuellement chercher et appuyer sur la touche *reset* !

En appuyant sur la touche *reset*, vous allez vous autoriser à sortir de vos habitudes bien rodées et auxquelles vous ne pensez même plus, et considérer tout ce qui est à venir sous un jour nouveau.

Car heureusement, à tout moment, nous pouvons reprendre la main et réinventer, jour après jour, notre vie.

L'unité journée a quelque chose de formidable, elle recèle en elle le pouvoir de réécrire notre histoire à tout moment. À chaque nouvelle journée qui s'annonce, nous avons le choix de changer notre état d'esprit, de modifier nos croyances, d'agir sur nos habitudes, de prendre une ou plusieurs décisions, même minimes, qui pourront *in fine* changer notre vie.

En nous levant ce matin et en démarrant cette nouvelle unité journée, nous avons le choix de décider de la façon dont nous souhaitons vivre cette journée ! Et si, une fois cette journée terminée, nous n'avons pas réussi à maintenir l'état d'esprit que nous avions décidé d'adopter, n'en profitons pas pour nous accabler car nous pourrons repartir à zéro et recommencer demain. Tout reste encore possible !

Car aujourd'hui est le premier jour du reste de notre vie.

J'accorde une vraie place au plaisir dans ma vie

Nous venons de le voir, nous passons la majeure partie de l'année déconnectés de nos besoins et de nos désirs, branchés sur pilote automatique, retenant notre souffle pour tenir le rythme, n'osant pas baisser notre garde, de peur de ne pas pouvoir reprendre le fil de nos journées bien remplies.

Nous avançons anesthésiés et coupés de nos sensations, corporelles notamment. Nous sommes devenus si sérieux, si adultes, si respectables. Pour preuve, on fait beaucoup d'efforts dans l'année pour « faire-tout-comme-il-faut », pour « faire-tout-bien », pour « faire-ce-qu'il-faut ». Pourtant, nous sommes des êtres vivants : qu'en est-il de notre besoin, légitime, de se sentir vivre, de sentir son corps, de prendre soin de son corps, et d'être à l'écoute de tout ce qui cherche, simplement, à s'exprimer, qu'on le veuille ou non ? Qu'on en ait conscience ou non ?

Quid de nos émotions ? *Quid* de nos sensations ? *Quid* de notre ressenti ?

Bref, qu'attendons-nous pour nous sentir vivants ?

Je renoue avec tout ce qui me fait du bien

Avez-vous remarqué que plus nous ralentissons le rythme, plus nous nous connectons facilement et spontanément avec ce qui nous fait du bien. *A contrario*, quand le tempo du quotidien s'accélère, nous nous coupons sans le vouloir avec tout ce qui pourrait, pourtant, nous ressourcer et recharger nos fameuses batteries. Un cercle vicieux qu'il vous appartient de rompre en vous réalignant avec ce qui vous fait du bien dès que vous sentez, en cours d'année, que le pilote automatique a repris le dessus.

Pour y arriver plus facilement, un petit exercice tout simple vous permettra de vous reconnecter en moins de temps qu'il n'en faut pour le dire…

À vous ! Qu'est-ce qui vous fait du bien ?

Je vous invite, là maintenant, à arrêter votre lecture et à vous emparer d'un stylo et d'un carnet de notes ou d'une feuille volante et de prendre cinq bonnes minutes (chrono en main), plus si vous en avez envie, pour noter tout ce qui vous fait du bien. Prenez soin de ne rien oublier, faites bien le tour de la question, soyez le plus exhaustif possible. Une fois cette liste rédigée, mettez-la hors de portée de votre vue, rangez-la dans un tiroir ou dans un cahier et oubliez-la !

Quand le rythme du quotidien aura repris ses droits, la prochaine fois que vous vous sentirez oppressé par les obligations de toute nature et les contraintes temporelles, sortez votre liste et relisez-la. Il vous suffira de vous inspirer de deux ou trois points pour vous sentir déjà mieux et renouer avec ce qui vous fait du bien.

J'équilibre temps obligé et temps à soi

Idéalement, chaque journée de votre année devrait au moins comporter un point de votre liste. Il s'agira avant tout d'équilibrer ce que l'on appelle le temps obligé et le temps à soi ; le temps des obligations et celui du plaisir, si souvent oublié.

Même avec la meilleure volonté du monde et à moins d'être millionnaire (et encore !), nous devons toutes et tous composer avec plus ou moins d'obligations : aller travailler, se rendre aux réunions d'écoles, faire les courses, le ménage, gérer sa paperasse, etc.

C'est ce que j'appelle le « temps obligé ».

Néanmoins, soyez particulièrement attentifs à la part qu'occupe ce temps obligé dans votre vie. Une vie équilibrée repose avant tout sur un bon équilibre entre temps obligé et temps à soi.

Nous ne pouvons pas tenir dans la durée, ou alors très ponctuellement et de manière temporaire et limitée, en remplissant nos journées, nos semaines, nos mois et nos années avec du temps obligé. Un emploi du temps qui laisse toute la place au temps obligé générera obligatoirement frustrations multiples, colères, stress, fatigue, épuisement.

En équilibrant temps obligé et temps à soi, en prenant la bonne habitude de vous ressourcer et de faire le plein d'énergie plus souvent (un petit peu tous les jours), non seulement vous aurez besoin de moins de temps pour faire le plein mais vous préserverez dans la durée votre capital énergie si précieux.

Je vous propose donc dès aujourd'hui de :

- faire le point sur la part actuelle de votre temps obligé et de votre temps à soi ;
- rééquilibrer progressivement le rapport entre les deux.

À vous ! Et si vous rédigiez votre propre « liste de vos envies » ?

J'aimerais vous inviter à faire comme Jocelyne Guerbette, l'héroïne de *La Liste de mes envies*, le best-seller du romancier Grégoire Delacourt, et à dresser… la liste de vos envies.

Pour celles et ceux qui ne l'ont pas lu, Jocelyne Guerbette est mercière à Arras et gagne au Loto®. À la tête d'un gros lot, elle ne sait pas par quelle envie commencer. Le matériel, l'affectif, la sécurité, le nécessaire, le superflu ? Comment choisir ? Elle va donc classer et trier ses envies avant d'aller chercher son gain. Elle fait durer l'attente et se plaît à réfléchir à la manière dont elle va se gâter…

Sans forcément aller jusqu'à imaginer ce que vous feriez si vous gagniez au Loto® (mais vous pouvez aussi), pourriez-vous rédiger la liste de vos envies, puis tentez de classer ces envies par ordre de priorité ?

Vous verrez, l'exercice n'est pas aussi évident à faire qu'on pourrait l'imaginer, mais il est en revanche extrêmement libérateur et inspirant !

J'équilibre ma vie entre vie professionnelle et centres d'intérêt personnels

Il arrive parfois que notre vie professionnelle finisse par prendre trop de place dans notre vie. Le risque est accru, nous venons de le voir, quand on travaille de chez soi.

Les frontières avec la vie de famille peuvent vite devenir floues, voire inexistantes si on ne prend pas soin de réfléchir, définir et respecter nos propres limites. Et nous pouvons vite nous retrouver dans un rythme métro-boulot-dodo, le métro en moins !

Une vie qui se résume à travailler, encore et encore, et accessoirement, le reste du temps, à consacrer un peu de temps à sa famille ou à l'organisation et l'entretien de la maison…

Et au-delà ? Sorties de l'équation boulot-famille-maison, que nous reste-t-il ? *Quid* de cette troisième vie que nous pouvons aussi revendiquer et dans laquelle nous pouvons aussi nous épanouir ?

Votre vie ne se résume pas à votre projet/travail, aussi passionnant qu'il soit, ou à votre famille. Vous êtes un être à part entière, différencié, qui peut aussi trouver son bonheur dans d'autres centres d'intérêt : musique, théâtre, cuisine, écriture, sport, engagement politique, zumba, bénévolat, yoga !

Des centres d'intérêt qui vous sont propres et qui vous enrichissent.

C'est en trouvant ou en vous réappropriant d'autres centres d'intérêt que vous parviendrez à vous détacher plus facilement de l'emprise que votre travail/passion a sur vous.

C'est la clé de l'équilibre.

À vous ! Accordez-vous suffisamment de place à vos différents centres d'intérêt ?

Pour cet exercice, j'aimerais vous emmener au plus près de vos centres d'intérêt.

Faites-en une liste précise et si possible exhaustive. Ne vous précipitez pas. Prenez votre temps. Faites le tour de la question.

- Combien en dénombrez-vous ?

. . . .

. . . .

- À quel(s) centre(s) d'intérêt accordez-vous de votre temps aujourd'hui ? Quelle part de votre temps ?

....

....

- Parmi ces centres d'intérêt que vous avez listés, en avez-vous repéré un qui vous faisait particulièrement vibrer et auquel vous aimeriez consacrer plus de temps ?

....

....

- Si oui, êtes-vous prêt(e) à dégager plus de temps et faire plus de place pour ce centre d'intérêt ?

....

....

- Par quoi pourriez-vous commencer ?

....

....

Je clarifie ma définition d'un bon équilibre pour moi

Chaque personne a sa propre définition et conception de l'équilibre, de ce que signifie pour elle une bonne conciliation entre la vie professionnelle et la vie personnelle et familiale.

Si l'un de vos objectifs à ce stade de votre vie est de mieux équilibrer vos différents temps de vie, il vous faudra définir en amont ce que représente l'équilibre pour vous, quelle priorité vous accordez à votre vie professionnelle d'une part, à votre vie personnelle et familiale d'autre part.

Il vous faudra impérativement clarifier vos intentions et votre souhait d'une meilleure articulation entre ces différentes facettes de votre vie.

Je clarifie ma vision d'un bon équilibre *pour moi*

Prenez le temps de trouver et de noter votre propre définition d'une bonne conciliation entre vie professionnelle et vie personnelle pour vous.

Mesurez l'écart entre ce que vous vivez aujourd'hui et l'équilibre que vous visez.

✔ L'écart est-il important, moins important que vous ne pensiez, ou minime ?

✔ Quelles sont les difficultés en termes de conciliation vie « pro » et vie « perso » que vous rencontrez aujourd'hui ?

✔ Que pourriez-vous mettre en place dès maintenant ou d'ici les prochaines semaines pour vous rapprocher de cet équilibre que vous visez ?

J'ARRÊTE DE PROCRASTINER !

JOUR 19

J'ose m'encourager et me récompenser

« Me récompenser ? Comme les enfants ? Quelle idée saugrenue ! » Voilà le type de réactions auxquelles je me heurte sys-té-ma-ti-que-ment quand je demande aux personnes que j'accompagne de se trouver une idée de récompense une fois leur objectif atteint.

Et pourquoi ne pourrions-nous pas, après tout, nous offrir un encouragement en récompense de nos efforts ?

Réfléchir à une récompense présente un triple avantage :

- elle peut le cas échéant nous motiver à passer à l'action (et ce point-là nous intéresse particulièrement ici !) ;
- elle peut nous permettre de tenir dans la durée et de maintenir notre effort sur le chemin qui nous conduit à notre objectif. C'est le meilleur rempart à un possible découragement ;
- elle nous permet d'apprécier à sa juste valeur la réussite de notre objectif. En nous offrant une récompense, nous reconnaissons, valorisons et ritualisons notre mérite. Et ça, c'est bon pour notre capital confiance !

Une récompense qui fait *vraiment* plaisir !

Mais attention ! Pour que cela fonctionne, cette récompense doit en valoir la peine, il ne doit pas s'agir d'une fausse récompense, ou d'une récompense déguisée, mais d'une vraie, qui se mérite et que l'on attend comme un enfant attend ses cadeaux à Noël !

→ Avez-vous l'habitude de vous offrir, de temps en temps, des petites ou des grandes récompenses ?

→ Avez-vous prévu de vous récompenser après le suivi de votre programme de 21 jours ?

Si vous ne l'avez pas encore fait, je vous invite dès aujourd'hui à choisir une récompense qui vous fera vraiment plaisir à la fin de ce programme.

Cette récompense, n'en doutez plus, *vous la méritez amplement.* Bien que nous n'ayons pas encore tout à fait terminé, pensez-y dès à présent car certaines surprises ou récompenses peuvent nécessiter un minimum d'organisation et de logistique.

Et puis aussi parce que comme pour tout ce qui est bon, l'anticipation d'une récompense est tout aussi importante que la récompense en elle-même.

Soyez créatif !

J'apprécie autant le chemin que la destination

> *« Si l'objectif est digne d'être atteint, ne prenez pas de raccourci et profitez du chemin. »*
>
> **Proverbe tibétain**

Prendre le temps de bien faire quelque chose procure de la satisfaction.

Qui n'apprécie pas la satisfaction, le plaisir même du travail bien fait ? Qu'il s'agisse du rapport qui nous a été demandé et pour lequel on vous a laissé un temps suffisant pour le rédiger, ou du plat que vous avez entrepris de cuisiner ce week-end pour votre famille ou vos amis, avec amour et sans la pression des repas du soir.

Le plaisir de se consacrer à une tâche, quelle qu'elle soit, tant pour le plaisir de s'y consacrer que pour l'anticipation du résultat attendu, ne peut s'épanouir que si vous disposez d'un temps suffisant pour cela. « Prendre son temps, cela s'apprend. L'adulte qui ne cherche pas à se débarrasser d'une tâche mais plutôt à la réaliser le mieux possible, en anticipant la satisfaction qu'il va tirer de son accomplissement, transmet le goût du bel ouvrage » précise Geneviève Djénati dans son livre *Attends… Dépêche-toi !*[1]

Quel plaisir en retirer si vous devez en effet bâcler l'histoire « à l'arrache », comme dirait l'un de mes ados, pressé par le temps ?

1. Éditions de l'Archipel, 2014.

Au contraire, en vous consacrant pleinement, en conscience, à votre activité, vous êtes susceptible d'entrer dans le *flow*, littéralement le « flux ». Également appelé « l'expérience optimale », ce concept élaboré par le célèbre psychologue hongro-américain Mihály Csíkszentmihályi décrit l'état mental atteint par une personne lorsqu'elle est complètement immergée dans ce qu'elle fait, dans un état maximal de concentration : un état de « concentration pure où toute notre énergie mentale est canalisée dans un flux jubilatoire ». Cette personne éprouve alors un sentiment d'engagement total et de réussite. C'est précisément ce qui vous arrive lorsque, si concentré et engagé dans une activité, vous finissez justement par perdre la notion du temps... Plus une personne est engagée dans une tâche avec une attention soutenue, et quoi qu'elle fasse, même éplucher des pommes de terre ou résoudre des équations à deux inconnues, plus sa satisfaction est élevée.

Comme le dit si bien Jeanne Siaud-Facchin, psychologue et psychothérapeute, auteur de *Tout est là, juste là*[2], « apprendre le bottin téléphonique par cœur rend plus heureux que lézarder sur un transat ».

C'est un fait : lorsque l'on est totalement absorbé dans une tâche, lorsque toute notre attention est orientée sur ce que nous faisons, comme je le suis en ce moment même en écrivant ce livre, nous éprouvons une satisfaction beaucoup plus importante qui a le don de suspendre (momentanément) le temps.

Je fais le plein de confiance !

La confiance en soi se définit comme un sentiment qui fait qu'on se fie à soi-même.

C'est ce que ressent une personne lorsqu'elle sait qu'elle peut compter sur elle-même pour accomplir ce qu'elle a à faire dans sa vie.

Avoir confiance en soi, c'est aussi avoir foi en qui nous sommes, c'est-à-dire foi :

- en nos capacités (physiques, affectives, intellectuelles) ;
- en nos qualités ;
- en nos atouts.

2. *Op. cit.*

La confiance en soi permet de croire en ses possibilités. Avoir confiance en soi, c'est en quelque sorte croire en soi, se sentir « capable de » !

La confiance en soi est un concept qui s'apparente donc à une croyance. Celui qui a confiance en lui *croit* qu'il arrivera à réaliser la tâche dans laquelle il s'apprête à se lancer. Il n'en est pas sûr, mais il a l'espoir que cela se passera bien. Il a confiance en ses capacités.

Mais pourquoi se donner la peine de faire le plein de confiance ?

La réponse est simple : parce que la confiance est à la base de tout.

C'est elle qui va vous donner la force et le courage d'aller jusqu'au bout de votre entreprise, malgré les obstacles, malgré le manque d'énergie parfois, et malgré le manque de temps.

C'est elle qui va vous rassurer en vous faisant ressentir, là dans vos tripes, que vous êtes décidément sur le bon chemin, et que vous avez fait le bon choix, même si ce n'est pas facile, même si ça vous bouscule parfois.

La confiance est partout. Sans confiance, nous serions paralysés par nos craintes. Nous ne pourrions tout simplement pas avancer. Nos vies ne seraient que peurs et méfiance.

Nous avons d'ailleurs pris l'habitude de nous concentrer sur notre manque de confiance au quotidien. Nous avons souvent le sentiment de ne jamais en avoir assez.

Mais avez-vous pris deux minutes pour vous arrêter sur ce que la confiance, votre confiance, vous a permis d'accomplir jusqu'ici, et vous permet d'accomplir aujourd'hui ?

Nous n'y prenons souvent plus garde mais la confiance, celle que nous portons aux autres, celle que nous nous portons à nous-mêmes, et celle, aussi, que nous portons à la Vie avec un grand V, nous a permis jusqu'ici d'accomplir des prouesses !

Sachez la débusquer et la reconnaître là où elle est !

La confiance est partout et déjà fortement présente dans votre vie. Elle est présente dans chacun de vos choix, dans chacune de vos décisions. C'est grâce à elle que vous en êtes là où vous en êtes aujourd'hui, que vous faites ce que vous faites aujourd'hui et que vous pourrez tendre vers tout ce à quoi vous aspirez pour votre avenir.

À titre personnel, sans confiance, je n'aurais probablement pas décidé un jour, à 24 ans, de me lancer dans l'aventure de la maternité alors même que je travaillais dans une agence de communication à Paris. Je n'aurais jamais pu écrire la moindre ligne sur mon blog avec des inconnus ni partager chacun de mes billets sur les réseaux sociaux, et prendre le risque de m'exposer au jugement des autres… Et je n'aurais jamais écrit trois livres !

À vous ! Vous souvenez-vous de toutes les fois où vous vous êtes fait confiance ?

À travers cet exercice, je vous invite à revenir sur les choix que vous avez eu à faire ou les décisions que vous avez prises qui vous ont demandé de faire confiance, ou de vous faire confiance.

En vous habituant à porter un regard conscient sur la confiance, déjà très présente dans votre vie contrairement, peut-être, à ce que vous pensez, vous saurez la reconnaître au premier coup d'œil et lui faire encore un peu plus de place !

Tout ce que vous identifierez, en conscience, viendra alimenter ce que nous pourrions appeler votre *réservoir de confiance.*

Pendant au moins un quart d'heure, vous allez prendre le temps d'identifier et de noter scrupuleusement toutes les situations durant lesquelles, au cours de votre vie, vous avez su faire preuve de confiance.

Et ne me dites pas qu'il n'y en a pas, je ne vous croirais pas !

Je célèbre (et j'ancre) mes réussites

La fierté de l'accomplissement

- Prenez-vous le temps de savourer et d'ancrer vos réussites ?
- Vous arrêtez-vous encore pour célébrer vos petites et grandes victoires ou est-ce que vous vous lancez tête baissée dans d'autres tâches, d'autres projets une fois votre objectif atteint ?

YEAH !!!
A RENDU
SA DÉCLARATION
D'IMPÔTS
EN
AVANCE
A BRILLAMMENT
APPELÉ
SA MÈRE.
A PRIS
RENDEZ-VOUS
CHEZ
LE DENTISTE
(Mention
Avec Brio)

Avez-vous déjà remarqué que nous prenons rarement le temps de savourer nos accomplissements, quels qu'ils soient. Nous pouvons en effet poursuivre un but durant des mois, voire des années, puis, une fois l'objectif atteint, nous passons rapidement à autre chose, nous lançant dans de nouveaux défis sans prendre la peine de célébrer et d'apprécier nos réussites à leur juste valeur.

De plus, alors même que nous ne sommes jamais avares avec nos proches et amis de compliments et encouragements, vantant leurs mérites et les félicitant de leurs moindres réussites, nous avons tendance, par (fausse ?) modestie, mauvaise estime de soi ou exigence disproportionnée, à dévaloriser les nôtres.

Nos petites et grandes réussites sont-elles moins importantes que celles des autres ? Bien évidemment, non.

Il nous est mille fois plus facile de reconnaître tout ce qui ne fonctionne pas bien dans notre vie que tout ce qui fonctionne déjà plutôt bien. Lors des ateliers interactifs que j'anime en ligne, j'invite systématiquement mes stagiaires, lors de l'état des lieux que je leur propose en début d'atelier, à identifier d'abord ce qui fonctionne déjà bien dans leur organisation ou leur gestion du temps. Cela leur permet dès le départ de prendre conscience que le tableau n'est finalement pas si noir, que tout espoir n'est pas perdu et que contre toute attente, ils ne se débrouillent déjà pas si mal... Et ça, c'est déjà excellent pour leur réservoir de confiance !

Et si nous prenions le temps de poser ce même regard bienveillant sur nos petites et grandes victoires du quotidien ? Et si nous traitions nos réussites avec la considération qu'elles méritent ?

Je savoure le chemin accompli jusqu'ici

Accordez-vous un temps de réflexion au cours de cette semaine, ne serait-ce qu'une demi-heure, le matin tôt ou sur votre pause déjeuner par exemple, pour savourer le chemin accompli jusqu'ici, en vous projetant tout simplement un an en arrière.

Pas de grand cérémonial à prévoir mais un simple moment avec soi pour faire le bilan de votre année écoulée, tant sur le plan professionnel que personnel et familial :

- → Qu'avez-vous accompli depuis un an ?

- Qu'avez-vous particulièrement apprécié ?
- Qu'est-ce qui a bien fonctionné ? Qu'est-ce qui a, en revanche, moins bien fonctionné ?
- Quels sont les moments que vous retiendrez ?
- Qu'avez-vous appris ? De vous ? Des autres ? De la vie ?

En prenant le temps de faire le bilan de l'année qui vient de s'écouler, vous pourrez vous rendre compte du chemin parcouru, de tous ces petits pas qui, mis bout à bout, deviennent de grands pas, des risques pris, du courage qu'il vous a fallu parfois pour relever certains défis, des heures de travail, de tous les efforts fournis, des décisions prises, des doutes, des renoncements aussi pour rester fidèle à vos valeurs et à vos convictions.

Apprenons à reconnaître le chemin parcouru puis à le savourer pour pleinement l'intégrer à notre expérience. Cet exercice fait, nous pourrons enfin nous dire, sans honte ni prétention :

« Ah oui, quand même ! J'ai accompli de belles choses, finalement, cette année. »

Je prends le temps de savourer le travail accompli

Voici un défi que je vous invite à relever : au moins une fois par jour, à partir d'aujourd'hui, prenez quelques secondes après avoir accompli une tâche, pour savourer la satisfaction de l'avoir accomplie. Demeurez quelques instants dans cette satisfaction, appréciez simplement d'avoir fait ce que vous avez fait.

Que la tâche soit petite ou grande, cela n'a pas vraiment d'importance. L'important, c'est de prendre un temps d'arrêt pour apprécier le fait d'avoir mis un peu de votre énergie et de votre temps sur quelque chose qui a du sens pour vous.

Car souvenez-vous, il n'y a pas de petites ou de grandes réussites. Chacune de nos victoires compte.

J'ARRÊTE DE PROCRASTINER !

JOUR 20

Je me donne le temps de réussir

« Il n'y a pas de buts irréalistes, que des échéances irréalistes. »

Ralph Waldo Emerson

Je comprends que prendre son temps n'est pas une perte de temps

Pour bon nombre d'entre nous, prendre son temps, voire pire (ciel !) s'arrêter et ne rien faire, est tout bonnement une perte de temps.

Ni plus ni moins.

Le temps qui n'est pas utile, le temps qui n'a pas un but, qui n'est pas porteur d'une intention, équivaudrait donc à du temps perdu, gaspillé, gâché, jeté par les fenêtres.

Une hérésie pour nous qui, pourtant, manquons de temps dans toutes les sphères de notre vie !

Comment, si nous en sommes persuadés, ne pas, en effet, culpabiliser ?

Comment profiter de ce temps pour soi que nous avons enfin pu dégager dans nos emplois du temps surchargés (non sans mal) sans avoir l'impression de léser quelqu'un ou quelque chose ?

Une part de mon travail aujourd'hui consiste à faire comprendre aux personnes que j'accompagne que prendre son temps, au travail comme à la maison, n'est JAMAIS une perte de temps.

Bien au contraire.

Prendre son temps permet notamment, comme nous l'avons vu précédemment, de récupérer un peu d'énergie et de recharger les batteries.

Quand vous décidez donc de ne rien faire du tout, vous faites DÉJÀ quelque chose d'utile : vous rechargez les batteries. Et cela mérite déjà toute votre attention.

La créativité a besoin de temps

Oui, la créativité, c'est vrai pour les adultes comme pour les enfants, demande du temps.

On ne crée pas sous la pression du temps. On n'écrit pas un billet de blog, ou un chapitre de livre en cinq minutes par exemple. Cela demande du temps, cela demande de laisser reposer, d'y revenir, de se relire, de changer tel mot pour tel autre parce que la phrase est plus fluide et qu'elle sonne mieux à l'oreille...

Marquer une pause, ne rien faire, en apparence, n'excluent pas le temps de maturation nécessaire à tout projet, créatif ou non d'ailleurs. L'ennui, on le sait, chez les enfants comme chez les adultes, est le terreau fertile de l'imagination. Vous ne faites rien mais votre inconscient, lui, continue de travailler sur le projet, il classe, ordonne, cherche des solutions pour vous. En mettant votre conscient sur pause, vous laissez immanquablement plus d'espace à l'inconscient pour se déployer.

Ne négligez pas ces temps de maturation nécessaires pour que vos idées, vos projets, même les plus ambitieux, germent et poussent. Imagine-t-on tirer sur la plante ou la fleur pour qu'elle pousse plus vite ? Non bien sûr. Les graines que vous avez plantées dans votre esprit créatif ont également besoin de temps pour grandir et s'épanouir...

À vous ! Et si vous laissiez maturer vos projets dans « La mijoteuse du subconscient » ?

Il y a quelques mois, j'ai découvert à travers un livre[1] un exercice tout simple que je pratique moi-même et que je propose depuis à mes stagiaires dans le cadre de l'un de mes ateliers. Il s'appelle « La mijoteuse du

1. Carpenter Harry W., *Votre subconscient a du génie*, Éditions de l'Homme, 2012.

subconscient » : « Les mijoteuses cuisent des repas entre notre absence, lentement, à basse température. La mijoteuse du subconscient fonctionne 24 heures sur 24 et peut faire des milliards de choses en même temps. Pourquoi, dans ce cas, ne pas faire en sorte que votre génie travaille pour vous pendant que vous êtes occupé à autre chose, voire quand vous dormez ? »

Quand vous devez travailler sur un projet qui va solliciter votre créativité, parce que vous allez devoir rédiger, réfléchir, trouver des solutions, faire une proposition, prenez l'habitude de solliciter votre subconscient qui, si vous lui en laissez le temps, travaillera pour votre compte.

Si vous devez remettre une proposition dans un mois par exemple, vous pouvez procéder de la sorte :
- Ouvrez une chemise et notez en titre votre projet.
- Prenez une page blanche de votre cahier créatif puis notez toutes les pensées qui vous viennent sur ce thème, en vrac, et insérez-les dans la chemise.
- Enfin, placez la chemise dans un tiroir de votre bureau et oubliez-la, consciemment.
- Vous constaterez qu'un mois plus tard, votre projet aura pris forme dans votre tête, presque sans effort conscient.
- Testez et vous verrez !

Usez et abusez également de votre mijoteuse quand vous faites face à un dilemme, quand vous vous posez une question importante, quand vous hésitez sur le bon choix à faire. Confiez directement votre question à la mijoteuse, puis oubliez-la durant un temps donné.

La réponse viendra à vous, sans le moindre doute, sous forme d'intuitions, de petits signes, de synchronicités, ou de réponses franches et précises.

La mijoteuse du subconscient vous fera économiser du temps et de l'énergie, et son utilisation est gratuite !

Je repère (et respecte) mes temps incompressibles

La vie n'est pas faite que de moments que l'on peut condenser, pressuriser, accélérer, bâcler, survoler.

La vie, dans certains cas, a besoin de temps. Et certains temps, n'en déplaise aux plus pressés, sont incompressibles.

Le temps des relations humaines est en effet incompressible. Le temps de l'apprentissage également.

→ Quels sont vos « temps incompressibles » à vous, ceux sur lesquels vous ne souhaitez pas, ou plus, négocier, rogner, amputer, parce qu'ils sont importants pour vous, qu'ils font sens pour vous et qu'ils méritent toute votre attention et votre temps ?

Je prends conscience de mon propre tempo

Avez-vous remarqué combien parfois nous nous emballons et accélérons le pas pour aller plus vite, sans même parfois nous en rendre compte ? Ne vous est-il jamais arrivé de vous surprendre à courir alors même que rien ne l'exige ? Vous savez, ces petits moments où on se dit : « Mais pourquoi je marche si vite, au fait ? Je ne suis pas en retard, je serais même plutôt en avance, cool ! »

Cette accélération du temps dont il est souvent question ici et là ne provient pas uniquement des autres. Nous sommes nous aussi à l'origine de cette perception d'accélération de notre rythme. Nous marchons vite, nous conduisons vite, nous parlons vite, nous faisons en sorte que tout puisse se faire le plus vite possible.

Or, tout n'a pas besoin de se faire dans la rapidité. Et même, certains actes nécessitent d'être effectués dans une certaine forme de lenteur. Un risotto, par exemple, ne se cuisine pas vite, sauf si vous êtes prêt à négocier sur le goût (il suffit de comparer un risotto maison et un « risotto minute », mot composé antinomique par excellence !).

Pourtant, dans certains cas, il suffit tout simplement de ralentir un tout petit peu le rythme pour ne plus avoir en permanence cette sensation de courir, pour sentir plus de fluidité et de douceur dans l'enchaînement de ses activités et surtout pour mettre plus d'oxygène dans son quotidien. Comme des petites soupapes qui permettent de se poser, de reprendre son souffle puis de repartir.

Se lever dix minutes plus tôt pour moins se presser le matin avant de partir, quitter son travail cinq minutes plus tôt pour marcher au lieu de courir pour aller chercher son enfant, manger un peu moins vite en prenant le temps de savourer son repas, boire en conscience, s'arrêter deux minutes pour respirer calmement et clarifier son esprit avant de repartir plus serein, il suffit de pas grand-chose pour faire une différence réelle dans notre ressenti d'accélération et d'urgence.

Prendre conscience de son propre tempo, sans jugement, au fil de sa journée, permet déjà de prendre de la distance vis-à-vis des diktats de la vitesse.

Très concrètement, par exemple, sachez qu'à tout moment, vous avez la possibilité :

- D'arrêter le temps / mettre le temps sur pause : chaque fois que dans votre course quotidienne, vous vous accordez un temps de pause, pour respirer, pour souffler, pour apprécier l'instant, pour savourer votre café en pleine conscience, par exemple.
- De ralentir le tempo : en allongeant vos sas de décompression, ces moments charnières que vous vivez entre votre domicile et votre travail, ou entre deux activités, deux rendez-vous, deux réunions. Vous aviez prévu cinq minutes (et encore, dans le meilleur des cas !) ? Donnez-vous, au moment de caler votre second rendez-vous, une marge supplémentaire de cinq minutes.

Vous y gagnerez immédiatement en sérénité et en disponibilité intérieure avant de passer à l'activité suivante.

Cette marge supplémentaire vous donne le temps de souffler, de rassembler vos esprits, éventuellement vos documents, en respectant votre tempo naturel, sans courir.

Des résultats tout de suite !

L'un des écueils les plus fréquents, quand une personne crée son entreprise pour la première fois, est sans conteste celui de s'attendre à ce que les clients se bousculent à sa porte dès l'immatriculation officielle de son entreprise, comme si le marché n'attendait qu'elle !

L'expérience (ma propre expérience d'entrepreneuse mais aussi celle des entrepreneurs que j'ai eu le plaisir d'accompagner) m'a appris que réussir, à titre d'exemple, prend du temps. Beaucoup de temps.

C'est un processus qui s'inscrit, là encore, dans la durée. Or, les adultes que nous sommes devenus se comportent davantage comme de grands enfants impatients qui n'aiment pas attendre pour obtenir des résultats. Nous voulons des résultats, tout de suite ! Or, c'est bien connu, pour récolter, encore faut-il semer !

Derrière tout succès, se cachent le plus souvent des années d'essais, de tentatives, d'échecs aussi.

Sylvia Duckworth a parfaitement résumé cette idée dans un croquis qu'elle a intitulé « The Iceberg Illusion ».

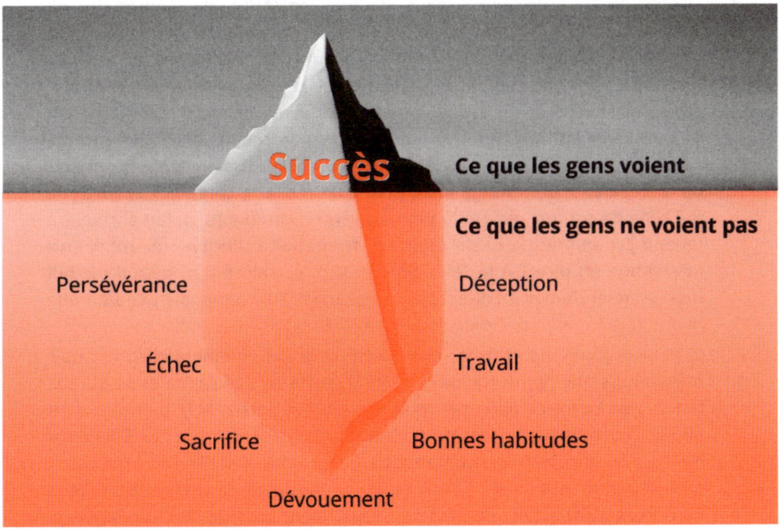

© Shutterstock

Le succès est la face émergée de l'iceberg, c'est-à-dire ce que les gens voient. Mais il y a aussi tout ce que les gens ne voient pas : la persévérance, les échecs, les sacrifices, les déceptions, les bonnes habitudes, le travail, la ténacité, le dévouement, l'obstination, etc.

Autant de petits pas, ou de petites graines semées, jour après jour, mois après mois, année après année, qui permettent, avec le temps et une bonne dose de patience, d'aboutir à un résultat visible par tous.

« Quelle chance tu as ! »

Dans le cadre de mes activités de coach, formatrice et blogueuse, j'entends souvent une petite phrase anodine qui me fait souvent tiquer, pour ne pas dire bondir : « Oh Diane, tu fais ce que tu aimes… Quelle chance tu as ! »

La chance m'a maintes fois souri dans ma vie (même si les coups durs ne m'ont pas épargnée non plus) et je me considère moi-même comme plutôt chanceuse mais en aucun cas, ma « réussite », telle qu'elle est perçue par les autres, n'est le fruit de la chance, encore moins du hasard !

Elle est le fruit de mon travail, de ma constance, de la diversité de mon expérience, d'une intention ferme et résolue de m'épanouir professionnellement, d'une vision qui ne m'a jamais lâchée et qui m'a soutenue dans les moments de doute et de découragement, d'efforts soutenus et répétés durant les premières années, d'essais, d'ajustements, de tentatives non concluantes que d'autres pourraient considérer comme des échecs, d'heures passées à écrire et à concevoir des contenus le soir ou le week-end, de courage aussi pour oser me faire confiance et sortir de ma zone de confort malgré la peur au ventre, comme je l'ai fait si souvent (quand j'ai animé ma toute première formation collective, quand je suis intervenue en direct à la télévision pour la première fois, quand j'ai fait mon premier duplex en direct sur une grande radio nationale pendant une heure, quand j'ai publié mon tout premier billet de blog, etc.).

Je peux aujourd'hui affirmer avec fierté et le même émerveillement qu'à mes débuts que je me consacre chaque jour à ce que j'aime et ce qui me fait vibrer. Écrire ce livre, par exemple, en fait partie. Mes journées sont aujourd'hui presque exclusivement consacrées à l'écriture de mes billets sur le blog, à la conception des contenus de mes prochains ateliers et formations, à l'écriture de mes livres, à l'animation de mes ateliers interactifs en ligne ou encore au coaching de personnes qui m'ont accordé leur confiance. Je travaille de chez moi, mais aussi depuis les multiples cafés, quelle que soit la ville où je me trouve, que je transforme temporairement, en annexe de mon bureau. Je suis ce que l'on appelle une travailleuse nomade et j'apprécie chaque jour ma liberté. Mais cette liberté ne m'est pas tombée dessus un matin au réveil ! Ce style de vie qui me correspond à 100 %, je suis allée le chercher ! Pour l'atteindre, j'ai concédé un certain nombre de sacrifices ; le plus important a été de concilier pendant plus de trois ans (et trois ans, ça peut être très long…) une activité salariée très prenante (à 80 %

…/…

puis à 100 % !) de responsable de la prévention au sein de la direction des ressources humaines et financières d'une structure de 850 salariés, avec la création et le développement de mon activité indépendante, l'animation de mon blog, sans oublier, comme tout un chacun, une maison à gérer et trois enfants prenants ! Mais je l'ai fait car j'étais animée par l'envie de faire ce que j'aime avant tout. La certitude viscérale que ma place n'était pas dans ce poste de cadre RH pourtant valorisant mais bien au sein de Zen & Organisée, avec la sensation inexplicable d'être, ici, à ma juste place ! Mais pour y parvenir, je me suis donnée du temps. J'ai adopté ce que je prône auprès de mes clients : la stratégie des petits pas. Un petit pas à la fois. Jour après jour, durant ces trois années où j'ai dû concilier mes différentes activités salariée et non salariée avec tout le reste. Certains jours, compte tenu de mon agenda chargé, il ne s'agissait que d'un mail, ou de la préparation d'un prochain billet de blog mais chaque pas me rapprochait de mon objectif : celui de me consacrer à temps plein à mon activité indépendante. Bref, de faire le grand saut !

Ce grand saut, je l'ai fait pour le jour de mes 40 ans : c'était mon cadeau d'anniversaire ! C'était « le jour où je me suis choisie »... (référence au blog http://lesinspires.com/2015/juillet/le-jour-ou-je-me-suis-choisie).

Avec le recul, je sais que ce temps m'a permis de construire progressivement une crédibilité, une légitimité, mais également d'affiner mon offre tout en continuant à développer mon expertise.

Se donner le temps de réussir est probablement le plus beau cadeau que vous pourrez vous faire. En décidant de vous accorder le temps nécessaire (c'est-à-dire le temps qu'il faudra) à la maturation et au développement de votre projet, vous faites instantanément disparaître toute la pression que vous faites peser sur vos épaules avec cette obligation de réussir dans des délais souvent trop courts.

Des objectifs trop ambitieux en termes de délais sont contre-productifs, ils finissent par décourager, paralysent l'action, bloquent la créativité et la flexibilité nécessaires à tout projet.

En réalité, le temps importe peu quand on a la certitude que notre projet sera bientôt une réalité. Armez-vous de patience, avancez pas après pas avec sérénité et détermination et adoptez dès à présent le bon état d'esprit : un état d'esprit de confiance intérieure, de certitude que votre projet aboutira, peu importe le temps que cela prendra.

J'ARRÊTE DE PROCRASTINER !

J'observe avec attention mon propre rythme

- Efforcez-vous, tout au long de cette semaine, d'être attentif à votre tempo. Quoi que vous fassiez, au travail, à la maison, dans vos déplacements, en conduisant, en cuisinant, quand vous vous occupez de vos enfants, quand vous vous levez le matin, quand vous vous couchez, je vais vous demander de prendre conscience du rythme avec lequel vous accomplissez vos gestes.
- Prenez simplement conscience, tout au long de cette semaine, du tempo avec lequel vous accomplissez chacun des gestes, chacune des actions de votre quotidien. Allez-vous vite pour tel geste, moins vite pour tel autre ?
- Prenez conscience, notez intérieurement, ne vous jugez pas et poursuivez naturellement votre route.

JOUR 21

J'aide mon enfant (et mon ado) à ne plus procrastiner !

Nous rêvons tous en tant que parents que notre progéniture accomplisse joyeusement et sans rechigner (doux rêveurs…) ce que nous lui avons demandé de faire : devoirs, petites responsabilités domestiques, routines quotidiennes, etc., et si possible, bien entendu, au moment où nous lui avons demandé de le faire.

La réalité est, comment dire, quelle que peu différente et tout parent sait combien il est nécessaire, dans la grande majorité des cas, de répéter moult fois une demande avant que celle-ci ne soit satisfaite. Et encore, quand elle l'est…

« Il est l'heure d'aller te coucher ! » – « Va te laver les dents ! » –« Tu as fini tes devoirs ? » –« Range ta chambre ! » – « C'est à ton tour de débarrasser la table. »

Nos injonctions répétées semblent glisser sur eux comme de l'eau sur les plumes d'un canard.

Connaissez-vous en effet beaucoup d'enfants qui obéissent au doigt et à l'œil et s'exécutent *illico presto* à la moindre de nos demandes ? Personnellement, je n'en connais pas beaucoup mais je trouve ça plutôt rassurant, non ?

Les enfants sont par excellence les rois de la procrastination. Et pour cause ! Ils ne sont pas encore parfaitement armés pour structurer, planifier, anticiper, comme nous le verrons.

En revanche, nous pouvons si nous le souhaitons mettre en place des conditions favorables pour les aider à s'organiser et à mieux se concentrer, qu'il s'agisse de leur redonner confiance, de développer chez eux le droit à l'imperfection (si, si !) ou encore de limiter les sources de distraction.

Un cerveau malléable

Donner l'exemple

Principalement, donner l'exemple. Les enfants sont profondément influencés par les comportements des adultes : maîtrise de soi ou absence de maîtrise de soi, capacité à gérer le stress, les frustrations et les colères ; critères utilisés pour évaluer ses propres succès ; empathie et sensibilité aux émotions d'autrui ; attitudes, ambitions, valeurs ; trop ou pas assez de discipline, etc.

En suivant l'exemple de ses parents, l'enfant apprend un éventail de réactions possibles face à une liste interminable de défis. Au cours de sa croissance, il sélectionne parmi ces réactions celles qui lui conviennent plus particulièrement et les accommode à sa sauce.

Nous avons vu au cours de la semaine 2 que grâce aux récentes découvertes des neurosciences, notre cerveau est en réalité « plastique », ou malléable. Il se modifie physiquement au cours de notre existence, et pas seulement durant l'enfance d'ailleurs.

C'est avant tout l'expérience qui modèle notre cerveau. Même à un âge avancé, nos expériences modifient la structure physique de notre cerveau. Lorsque nous vivons un événement, nos cellules neuronales « s'activent ». En s'activant, elles créent de nouvelles connexions entre elles. Avec le temps, les connexions qui résultent de ces activations conduisent à un nouveau câblage cérébral. Cela signifie que nous ne sommes pas prisonniers pour le reste de notre vie du fonctionnement actuel de notre cerveau, nous pouvons le recâbler et espérer être plus heureux et en meilleure santé.

En ce moment même, le cerveau de votre enfant est sans cesse connecté et reconnecté, et les expériences que vous lui faites partager pendant sa croissance déterminent la structure de son cerveau.

Lui faire prendre conscience des conséquences de ses choix

Tout choix entraîne des conséquences et il appartient aux parents de faire comprendre à leur enfant que ses choix ont également des conséquences. Ils ont en effet tout intérêt à lui expliquer le plus tôt possible que ses choix lui appartiennent et que chacune de ses décisions aura une conséquence. Un choix judicieux aura des conséquences souhaitables. Un choix inapproprié aura des conséquences non désirables.

Confier à son enfant la gestion d'un petit budget d'argent de poche, par exemple, est un bon exercice qui facilite cet apprentissage :

- Si je dispose de dix euros et que je décide (un choix) de les dépenser immédiatement en m'achetant une bricole et des bonbons, je serai content mais je prends conscience aussi que je n'aurai plus d'argent pour m'en acheter d'autres la semaine prochaine. Je devrai attendre le mois prochain. Est-ce que je préfère tout dépenser de suite ou en dépenser un peu aujourd'hui et en garder pour la semaine prochaine ?
- En prenant conscience des conséquences de mon choix, je peux choisir en toute conscience et je peux en assumer les conséquences, qu'elles soient positives ou négatives.

Je facilite sa mise en mouvement grâce à des routines stables

Des routines pour alléger son quotidien

Selon le *Larousse*, une routine est une habitude mécanique, irréfléchie et qui résulte d'une succession d'actions répétées sans cesse.

Elle ne fait donc plus (ou presque) intervenir notre mental : c'est notre inconscient qui agit. Et c'est tant mieux car nous deviendrions littéralement fous si tout ce que nous faisions en une journée était effectué de façon consciente !

Les routines et les rituels clarifient, simplifient et allègent le quotidien. Ils nous évitent de nous reposer les mêmes questions tous les jours et de réinventer l'eau chaude chaque matin !

Attention, mettre en place des routines ne signifie pas qu'il faille tout planifier et voir la journée se dérouler de manière automatique. Au contraire, elles vous permettront de libérer du temps pour les belles choses.

Exploitez donc la force des routines à certains moments de la journée, et en particulier :

- le matin ;
- après l'école au moment du retour de vos enfants s'ils ne restent pas à la garderie ou à l'accueil ;
- le soir.

Mais vous pouvez aussi être créatifs pour :

- vos week-ends ;
- vos dimanches soir (rien de mieux pour éviter le blues du dimanche soir !) ;
- une soirée par semaine en particulier (le jeudi soir, pas de télé, soirée jeux de société-pizza !), etc.

Les routines rassurent et donnent des repères à vos enfants

Les enfants, *a fortiori* lorsqu'ils sont petits, n'aiment pas l'inattendu, l'imprévu, le changement. Les rituels et les routines du quotidien les rassurent et les sécurisent, comme le rituel du soir avant de s'endormir, car ils posent un cadre auquel ils peuvent se fier et qui leur donnent des repères.

Les enfants ont par ailleurs d'autant plus besoin de repères qu'ils n'ont pas encore, pour les plus jeunes d'entre eux, la notion du temps, confondant hier, aujourd'hui et demain, et qu'ils ont, comme nous venons de le voir, un rapport au temps différent du nôtre.

Les enfants vivent dans l'instant présent (merveilleuse compétence que nous avons tendance à perdre en « grandissant »), et le temps s'écoule pour eux plus lentement. Allez leur expliquer que Noël, c'est dans un mois seulement. Pour eux, c'est une vraie éternité !

Les enfants ont besoin de davantage de temps que nous. En particulier dans les gestes du quotidien, comme celui de s'habiller, de petit-déjeuner, etc. Vous devrez immanquablement prendre en compte cet état de fait dans la construction de vos routines et de celles de vos enfants, le matin en particulier.

Les routines vous permettront donc de donner à vos enfants des repères familiers pour mieux rythmer leur quotidien.

À vous d'être inventif et d'imaginer les rituels les plus doux, les plus agréables, les plus réconfortants pour vous et vos enfants !

Je l'autonomise et le responsabilise

Faites de l'organisation familiale une affaire collective !

Lorsque l'on évoque l'organisation familiale, on fait souvent référence au partage des tâches entre les deux parents. Mais il est fondamental que les enfants participent également à l'effort collectif. Faites de l'organisation familiale une affaire collective, qui concerne *tous* les membres de la famille !

Évidemment, sans aller jusqu'à les transformer en personnages contemporains de Charles Dickens (cela étant, vous avez de la marge…), vous pouvez sans problème solliciter vos enfants pour qu'ils fassent leur (juste) part dans la maison.

En les impliquant dès leur plus jeune âge, vous favorisez leur autonomie future (aucune mère ne rêve d'avoir un Tanguy à la maison ne sachant rien faire de ses dix doigts) et contribuez à leur éducation. D'une pierre deux coups !

À mon sens, en effet, les impliquer dans l'entretien de la maison fait intégralement partie de l'éducation, au même titre que l'enseignement, le sport ou les activités extrascolaires.

Beaucoup de parents que je rencontre culpabilisent de solliciter les enfants. Pourtant, il est bien de votre ressort de parent de les rendre les plus autonomes possibles.

Ne sous-estimez pas non plus la capacité de votre enfant à s'acquitter d'une tâche correctement. Il vous suffit de prendre le temps de lui montrer, de lui expliquer, voire de lui griffonner une sorte de « pas à pas » qui fera office de mémo. Vos enfants ne sont pas des manchots. Ils sont très capables. Quand je vois la dextérité avec laquelle ils jouent aux jeux vidéo (très habiles de leurs dix doigts, finalement), et l'intelligence que cela requiert sur un plan stratégique, je me dis que mes enfants sont en capacité d'apprendre à faire un lit ou à vider un lave-vaisselle !

Posez-vous également la question, fondamentale, des *valeurs* que vous souhaitez leur transmettre ? Les impliquer dans l'effort collectif, dès leur plus jeune âge, c'est aussi leur transmettre des valeurs de solidarité, d'égalité, de partage, de coopération, qu'il s'agisse, on est bien d'accord, de filles comme de garçons.

J'ARRÊTE DE PROCRASTINER !

Plus vous les sollicitez tôt, avec des tâches adaptées à leur âge et à leur possibilité, plus l'entretien collectif de la maison coulera de source pour chacun des membres de la famille. Parents d'enfants en bas âge : pensez-y ! N'attendez pas que votre enfant ait quinze ans pour lui attribuer l'entretien hebdomadaire de la salle de bains s'il n'a jamais levé le petit doigt les quinze premières années de sa vie. Ou alors, attendez-vous à batailler sec, sans garantie de succès !

Il vous faudra parfois être patient avant qu'une nouvelle tâche soit acceptée par votre enfant. C'est votre persévérance (à tous les deux), et la régularité avec laquelle vous lui imposerez cette tâche, qui feront toute la différence. N'hésitez pas là encore à tester, à ajuster, réajuster, jusqu'à trouver la bonne formule (c'est-à-dire celle qui convient à tous) et atteindre une relative fluidité dans l'exécution des tâches.

L'impliquer dans les tâches est valorisant

Sollicitez-les également en leur demandant ce qu'ils aimeraient faire et là où ils seraient les plus efficaces.

Vous pourriez même aller jusqu'à leur attribuer une responsabilité « transversale ». Votre aînée pourrait devenir responsable du tri des déchets et de tout ce qui a trait à l'économie (eau, gaspillage, etc.) et au développement durable, *a fortiori* si elle a déjà été sensibilisée à la question à l'école et que le sujet l'interpelle.

En responsabilisant un enfant, vous lui montrez combien vous lui faites confiance. En sollicitant son point de vue, en l'amenant à exprimer lui aussi ses attentes, vous lui faites comprendre, intuitivement, que son avis compte, que sa parole, comme ses actes, est importante.

Je reprends ici une citation de l'association Discipline positive France et que j'ai trouvée très juste : « Les laisser faire les tâches à la maison est au-delà de leur faire plaisir ou de nous apporter de l'aide. Un enfant qui contribue, appartient à sa famille et développe son sentiment d'importance. Permettre : car même s'ils n'en ont pas forcément envie au départ cela développe chez eux de telles compétences que c'est un cadeau que nous leur faisons. De plus, souvent, on ne leur permet pas car il est plus simple pour nous de faire à leur place. Rester ferme et bienveillant dans la durée pour ces tâches est une chance pour eux. En plus de ces deux besoins essentiels d'appartenance et de sentiment d'importance, on développe chez eux la responsabilité, l'autonomie, la coopération... »

Tout est dit.

J'aide mon enfant à s'organiser

Comme je l'ai évoqué au cours de la semaine 2 à propos de la planification, savoir s'organiser n'est pas inné. Ça s'apprend !

Et c'est plutôt une bonne nouvelle car nous pouvons assez facilement, par des petits conseils de bon sens, apprendre à notre enfant à s'organiser, et ce dès le plus jeune âge.

Dès l'école primaire en effet, apprenons-lui par exemple à s'autonomiser en lui demandant de :

- préparer son cartable du lendemain la veille au soir ;
- vérifier lui-même son cahier de textes pour avoir une vue d'ensemble sur les devoirs de la semaine (et pas uniquement du lendemain) ;
- lui demander d'étaler son travail sur la semaine pour ne pas tout avoir à faire la veille au soir (histoire de le familiariser avec les bienfaits de la planification) ;
- adopter une stratégie de temps limité (durée laissée à votre appréciation) pour ne pas se décourager par des séances de devoirs trop longues et éprouvantes.

Voici enfin quelques autres astuces, qui une fois adoptées seront particulièrement utiles aux collégiens et aux lycéens :

Première étape : apprenez-lui à hiérarchiser ses priorités

Compte tenu du temps dont il dispose et de sa charge de travail, quelles sont ses priorités du jour ? Sur quoi doit-il prioritairement se concentrer ? Apprenez-lui également, même si cela vous semble évident, à faire des listes et à programmer des alertes sur son smartphone pour libérer son esprit.

Deuxième étape : apprenez-lui à évaluer le temps réel d'une tâche

Comme les adultes, les enfants et ados ont du mal à évaluer la durée réelle d'une tâche. Cette difficulté peut les conduire à procrastiner, soit parce qu'ils surestiment ce temps et se découragent devant l'ampleur de la tâche, soit au contraire parce qu'ils le sous-estiment et qu'ils se disent qu'ils auront « largement » le temps !

Pour les plus jeunes, on pourra utiliser un chronomètre visuel qui l'aidera à prendre conscience du temps qui passe et à structurer le temps durant ses devoirs. Un Time Timer® est disponible sur le marché : il permet à l'enfant de « voir » le temps s'écouler puisqu'il s'agit d'un cadran dont un secteur, coloré en rouge, diminue au fur et à mesure que le temps passe. L'enfant visualisera donc à quoi s'attendre et ne perdra pas son temps à se demander combien de temps il lui reste pour terminer sa tâche.

Troisième étape : favorisez des conditions de travail qui lui conviennent avant tout

Idéalement bien sûr, il convient de limiter les distractions qui risquent de nuire à la qualité de son attention. On imagine donc aisément qu'il est préférable de le faire travailler dans sa chambre, sur un bureau épuré, face au mur, sans la moindre distraction à moins de vingt mètres !

Mais dans la réalité, ce n'est pas aussi simple... Contre toute attente, certains enfants et adolescents travailleront mieux en plein séjour, avec un fond sonore (musique ou télévision), entourés par la présence rassurante des siens.

Faites le point avec lui et soyez clairs : s'il ne parvient pas à se concentrer et s'arrête toutes les deux minutes pour suivre l'émission en cours ou parler à son frangin, il devra retourner travailler « au calme » dans sa chambre.

De la même manière, faites en sorte, s'il est en primaire notamment, qu'il dispose de tous les outils à portée de main (cahiers, livres, fournitures) pour travailler dans de bonnes conditions et faciliter le passage à l'action.

Soyez intransigeant en revanche sur un point : demandez-lui expressément de ne faire qu'une seule chose à la fois. Une fois adoptée, cette habitude lui sera utile le reste de sa vie !

Quatrième étape : mettez en place avec lui une routine qui facilite sa mise en mouvement

En déterminant avec lui une routine simple et non contraignante, laissant aussi la part belle au plaisir et à la détente, vous contribuez à faciliter sa mise en route.

Comme pour les adultes, pourquoi ne pas inventer un ou plusieurs petits rituels agréables qui ponctueront sa fin de journée ?

L'exemple de Tom

Quand il rentre de l'école à 17 h 30, Tom commence par décompresser en prenant son goûter devant son manga préféré. Une demi-heure plus tard, il s'installe à son bureau pour faire ses devoirs. Il sait qu'il ne pourra jouer à sa console de jeux qu'une fois les devoirs faits.

Quand il s'installe à son bureau, il commence toujours par allumer son Time Timer® (ça l'amuse et ça l'aide à visualiser le temps !) et par fixer une durée pour son travail du jour, en général une demi-heure, mais parfois, trois quarts d'heure. Si cela ne suffit pas, il relance une courte session.

Il consulte son agenda et regarde ce qu'il a à faire sur la semaine et la semaine suivante, et regarde s'il pourra s'avancer un peu ce soir.

Il sort de son sac les livres et cahiers dont il n'aura pas besoin pour le lendemain et pose sur son bureau tout ce dont il aura besoin pour ses devoirs.

Une fois ses devoirs du jour terminés, il jette un coup d'œil sur son emploi du temps du lendemain et clôture sa séance de travail en préparant son sac pour le lendemain.

Le voilà l'esprit libre et enfin disponible pour se détendre sur sa console de jeux avant la douche et le repas du soir !

Cinquième étape : je limite les sources de distraction

Nous avons largement évoqué au cours de la quinzième journée de ce programme que notre attention était littéralement détournée par les écrans en tous genres. C'est aussi le cas pour nos enfants, et pour nos ados en particulier.

Saviez-vous que Steve Jobs *himself* interdisait l'usage de l'Ipad® à ses enfants, préférant leur parler d'histoire et de littérature ?

Ceux que l'on appelle les *Digital Native*, c'est-à-dire les enfants nés, comme les miens, à l'ère numérique, passent en moyenne 4 heures 30 par jour sur Internet.

Peut-on sérieusement envisager à des ados de leur interdire de se connecter sous prétexte qu'ils doivent travailler dans de bonnes conditions et se concentrer sur leur tâche ? Pas sûr que cela soit très efficace, *a fortiori* si nous ne sommes pas en capacité, là encore, de leur donner l'exemple, les parents étant parfois encore plus accros aux outils numériques que leurs enfants !

Une règle absolue : on se débranche au moins une demi-heure avant de s'endormir !

D'après le réseau Morphée, il manque aux 12-14 ans deux heures de sommeil par jour en période scolaire. Une privation de sommeil qui génère des difficultés de réveil et des problèmes de concentration et de mémoire !

En cause, sans surprise, les écrans (smartphones, tablettes, ordinateurs portables), que nos ados ont du mal à éteindre et qui retardent dangereusement leur endormissement. 33 % des adolescents passent plus d'une heure sur l'ordinateur après le dîner, 15 % envoient des SMS pendant la nuit et 11 % se connectent aux réseaux sociaux sous la couette !

En effet, la lumière est le principal synchronisateur de l'horloge circadienne.

En particulier la lumière bleue des diodes électroluminescentes (LED), émise par les écrans des ordinateurs, téléviseurs, smartphones et autres tablettes, pour le rétroéclairage : elle active cent fois plus les récepteurs photosensibles non visuels de la rétine (cellules ganglionnaires) que la lumière blanche d'une lampe.

Mettez-vous d'accord avec eux sur une heure « raisonnable » de déconnexion et demandez-leur de venir déposer leurs écrans au bon moment. Si la tentation est trop forte, rappelez-leur la règle et procédez, selon votre sensibilité, à une confiscation en règle ou à une limitation du Wifi à partir d'une certaine heure !

Et si nous arrêtions de leur mettre la pression ?

Patrice Huerre, pédopsychiatre spécialiste des adolescents, auteur de *La prépa sans stress*[1], préconise quant à lui d'arrêter de mettre la pression

1. Fayard, 2010.

sur nos enfants. Selon lui, il existe deux formes de pression. L'une est quantitative, l'autre qualitative. La première consiste à répéter à l'enfant qu'il ne travaille pas assez, donc à tout organiser autour de la quantité de travail à fournir. La seconde porte sur les notes, les classements, les commentaires des professeurs qui ne sont jamais assez bons. Dans les deux cas, l'accent est exclusivement mis sur les insuffisances, réelles ou fantasmées, de l'enfant. Ce qui, au lieu de le stimuler, comme le pensent les parents, le fait douter de lui, éteint sa curiosité et, au final, le démotive en profondeur. Le discours des parents est très ambivalent, ils déplorent la pression, ce qui ne les empêche pas de l'alimenter quotidiennement !

Cette pression s'exerce principalement de deux façons : on se focalise sur les notes – en ne retenant que les mauvaises ou les insuffisantes et en trouvant les bonnes « normales » – et on réduit la communication familiale à un dialogue entre parent et élève. Combien d'enfants disent ne se sentir intéressants pour leurs parents que par rapport à leur statut d'élève ! Leur demander ce qui les fait vibrer, ce qui les inquiète, parler de soi au même âge, raconter sa journée de travail, avec ses plus et ses moins, voilà qui tisse une relation à la fois intime et respectueuse et qui permet d'évacuer le stress subi dans la journée. Si, chez lui, l'enfant se sent compris et accepté tel qu'il est, avec son rythme propre, ses intérêts propres, il est évident que sa relation au travail et son implication dans sa scolarité seront différentes. La pression supprime les dimensions de plaisir et de curiosité de l'apprentissage, elle est incompatible avec la motivation.

Où placer le curseur quand les résultats ne sont pas bons ?

Dans ce cas, précise le pédopsychiatre, « mettre la pression » ne ferait qu'aggraver les choses : « Il ne faut pas confondre saine et légitime exigence avec pression et stress ! L'exigence s'obtient une fois que le parent a fait la distinction entre l'intérêt objectif de son enfant et ce qu'il projette sur lui de ses propres inquiétudes et de son histoire. La clé, c'est une vigilance bienveillante : on met en place un cadre et un rythme de travail adaptés aux besoins de son enfant, et on adapte ce *modus vivendi* en fonction de son évolution. »

Je prends le temps de discuter organisation avec mon enfant / ado

Nous pensons parfois à tort que notre enfant n'aime pas l'organisation : « Non, tu sais, le mien, ce n'est pas son truc ! C'est un artiste, un rêveur, un créatif... ». En êtes-vous si sûr(e) ? En creusant un peu, nous pourrions aussi être surpris par le fait que lui, notre créatif en herbe, un peu tête en l'air sur les bords, celui qui nous ressemble tant, ne serait pas finalement contre un petit coup de pouce en la matière. Il vous avoue que ça le rassurerait et l'aiderait à moins stresser et à mieux gérer sa charge de travail.

Vous pensiez pourtant que ces petits trucs pour mieux vous organiser étaient évidents, qu'ils coulaient de source (pour vous oui, mais pas forcément pour lui !).

Pour le savoir, il n'y a qu'un pas à faire : parlez-en ouvertement avec lui ! Accordez-vous tous les deux un temps d'échange et de réflexion pour avoir son point de vue sur la question et surtout pour lui permettre de clarifier ses attentes et ses besoins.

A-t-il besoin de votre soutien en la matière ? A-t-il des difficultés pour s'organiser, pour planifier son travail, pour prendre un peu d'avance ? A-t-il envie que les choses changent ? Est-il prêt à envisager de travailler autrement ?

Prenez le temps, aujourd'hui même et sans temporiser, de faire le point avec lui.

Pour aller plus loin

- Le *Mémoniak Organiseur Junior* ou le *Mémoniak Organiseur Junior spécial 6e*, Éditions 365.

Conclusion

C'est avec une pointe de tristesse (et de soulagement aussi, pour être tout à fait honnête avec vous !) que je pose ici les dernières lignes de ce livre. J'ai tenté de proposer ma vision sur ce sujet si complexe qu'est la procrastination, j'espère qu'elle vous aura plu et qu'elle vous aura surtout donné envie de prendre le taureau par les cornes, à votre rythme, et d'aller au bout de vos projets.

C'est tout le bien que je vous souhaite. N'oubliez pas qu'à tout moment, il vous appartient de définir qui vous êtes. Cessez une fois pour toutes de vous définir comme un procrastinateur. L'occasion aujourd'hui vous est donnée de démarrer un nouveau pan de votre vie, un pan dans lequel vous choisissez désormais de réunir toutes les conditions pour mener à bien 100 % de vos projets :

- vous faire confiance, toujours ;
- vous engager dans une démarche réaliste et réfléchie (un seul projet à la fois !) ;
- vous donner le temps nécessaire pour atteindre vos objectifs (pourquoi vous imposer des délais aussi courts ?).

Vous voyez où je veux en venir ? Il n'est question ici que de bienveillance avec soi-même. Vous méritez d'aller au bout de vos projets, en particulier de ceux qui font vibrer votre cœur. Ne laissez personne, y compris vous-même, vous convaincre du contraire.

Bibliographie

Pascale Bélorgey, *La boîte à outils de la gestion du temps*, Dunod, 2014

Christophe Carré, *Bienveillant avec soi-même, Pouvoir compter sur soi*, Eyrolles, 2015

Yves Citton, *Pour une écologie de l'attention*, Éditions du Seuil, 2014

Michel Desjoyeux, *Réveillez vos désirs*, Plon, 2014

Geneviève Djénati, *Attends... Dépêche-toi !*, Éditions de l'Archipel, 2014

Patrick Huerre, *La prépa sans stress*, Fayard, 2010

Albert Ellis, *Overcoming procrastination*, Signet Book, 1979

Sarah Famery, *Vivre sans culpabilité*, Eyrolles, 2014

Dr Bruno Koetz, *Comment ne pas remettre tout au lendemain*, Odile Jacob, 2006

Walter Mischel, *Le Test du marshmallow*, JC Lattès, 2014

Richard O'connor (Dr), *Recâblez votre cerveau ! Et libérez-vous de vos mauvaises habitudes*, Ixelles Éditions, 2015

Rémy Oudghiri, *Déconnectez-vous ! Ou comment rester soi-même à l'ère de la connexion généralisée*, Arléa, 2013

John Perry, *La procrastination : l'art de reporter au lendemain*, Autrement, 2012

La collection qui tient ses promesses !

Collection dirigée par ANNE GHESQUIÈRE
J'ARRÊTE D'ÊTRE
DÉBORDÉE !
BARBARA MEYER
ISABELLE NEVEUX
21 jours POUR CHANGER
EYROLLES

Collection dirigée par ANNE GHESQUIÈRE
J'ARRÊTE
MARLÈNE SCHIAPPA
CÉDRIC BRUGUIÈRE
DE M'ÉPUISER !
Comment prévenir le burn-out
21 jours POUR CHANGER
EYROLLES

Collection dirigée par ANNE GHESQUIÈRE
J'ARRÊTE LE
JOANNE TATHAM
SUPERFLU !
21 jours POUR CHANGER
EYROLLES

Collection dirigée par ANNE GHESQUIÈRE
J'ARRÊTE
CHRISTINE LEWICKI
DE RÂLER !
L'INTÉGRALE
PLUS DE 200 000 EXEMPLAIRES VENDUS
EYROLLES

Collection dirigée par ANNE GHESQUIÈRE
J'ARRÊTE DE RÂLER
CHRISTINE LEWICKI
FLORENCE LEROY
SUR MES ENFANTS
(et mon conjoint)
21 jours POUR CHANGER
RESPECT
BIENVEILLANCE
COOPÉRATION
PLAISIR
EYROLLES

Troisième tirage 2017

Dépôt légal : novembre 2017 - IMPRIMÉ EN FRANCE - Imprimeur n° 13628
Achevé d'imprimer en octobre 2017 sur les presses de l'imprimerie *La Source d'Or* - 63039 Clermont-Ferrand

Dans le cadre de sa politique de développement durable, La Source d'Or a été référencée IMPRIM'VERT® par son organisme consulaire de tutelle. Cet ouvrage est imprimé - pour l'intérieur - sur papier offset 90 g provenant de la gestion durable des forêts, des papeteries Arctic Paper dont les usines ont obtenu les certifications environnementales ISO 14001 et E.M.A.S.